Die 10 Geb
erfolgrei⌣
Unternehmensnachfolge

Gut gerüstet in jeder Situation – egal ob für die Betriebsübergabe innerhalb der Familie, an Mitarbeiter oder den gewinnbringenden Unternehmensverkauf an einen externen Übernehmer

Doris Nöhrer
Michael Rötzer

Doris Nöhrer und Michael Rötzer:
Die 10 Gebote der erfolgreichen Unternehmensnachfolge.
Gut gerüstet in jeder Situation – egal ob für die Betriebsübergabe innerhalb der
Familie, an Mitarbeiter oder den gewinnbringenden Unternehmensverkauf an
einen externen Übernehmer.

Bibliografische Information der Deutschen Nationalbibliothek:
Die Deutsche Nationalbibliothek verzeichnet diese Publikation in der Deutschen
Nationalbibliografie; detaillierte bibliografische Daten sind im Internet über
www.dnb.de abrufbar.

VERLAG-IDEENMANUFAKTUR

ISBN 9783746015545 (Paperback)
© 2017 Doris Nöhrer und Michael Rötzer

Gesamtlayout: Alois Gmeiner
Coverfoto: electriceye/fotolia.com

www.ideenmanufaktur.info
Herstellung und Verlag: BoD – Books on Demand, Norderstedt

*Hinweis: Aus Gründen der besseren Lesbarkeit wurde auf einen gendergerechten
Sprachgebrauch verzichtet. Selbstverständlich sind jeweils die Betroffenen beider-
lei Geschlechts angesprochen.*

Inhalt

Vorwort

von Dr. Josef Fritz, Board Search

> *„Verantwortlich ist man nicht nur für das, was man tut,*
> *sondern auch für das, was man unterlässt!"*
> *(Laotse)*

Doris Nöhrer und Michael Rötzer haben ihre Idee, ein Buch über die zehn Gebote der erfolgreichen Unternehmensnachfolge zu schreiben, Gestalt werden lassen. Dazu ist ihnen zu gratulieren.

Im Leben eines Unternehmens nehmen die Gründung und eben das Thema der adäquaten Übergabe einen zentralen Stellenwert ein. In meiner langjährigen Management-Praxis habe ich dabei die unterschiedlichsten Herangehensweisen erlebt. Es gab Unternehmensgründungen, die einfach passierten, und andere, die ganz gezielt und auf Basis von hervorragend ausgearbeiteten Businessplänen und unter Inanspruchnahme sämtlicher möglicher Förderungen strategisch vorbereitet erfolgten. Ähnlich verhielt es sich mit Unternehmensnachfolgen.

Aus der Vielzahl von Erlebtem möchte ich drei Beispiele herausgreifen:

Der Unternehmensinhaber, der nicht loslassen konnte

Ich war Gast bei einem Fabrikseigentümer anlässlich seines 88. Geburtstages, den er in seinem Unternehmen im Kreise einer illustren Gästeschar feierte – rüstig, vital, körperlich und geistig bemerkenswert fit. Während seiner Dankesworte sah er aus seinem Büro im fünften Stock auf das imposante Firmengelände und sagte zu seinem 64-jährigen Sohn: „Eines Tages, lieber Manfred, wird das alles Dir gehören. Wir werden uns in den kommenden Jahren darauf vorbereiten!"

Der Todesfall, der unerwartet kam

Von einer befreundeten Unternehmerfamilie erhielt ich die Nachricht über das plötzliche und unerwartete Ableben des Firmengründers im Alter von nur 48 Jahren. Der Schicksalsschlag traf alle unvorbereitet. Beim Totenmahl nach der Beerdigung vertraute die Witwe den kondolierenden anwesenden Kunden und Geschäftspartnern an, dass sich die 27-jährige Tochter bereit erklärt hatte, die Unternehmensnachfolge anzutreten. Mit einem Studium der Politikwissenschaft schien sie von der Ausbildung her nicht gerade prädestiniert. Innerhalb von wenigen Jahren nach dem Tod ihres Vaters hatte sich die Tochter mit hervorragender Unterstützung durch die maßgeblichen Führungskräfte des

Unternehmens und einer loyal zu ihr stehenden Belegschaft als kluge und äußerst geschickt agierende Unternehmenslenkerin bewährt.

Eine Regelung, die vorbildlich und vorausschauend war

Anlässlich einer Aufsichtsratstagung in Deutschland lernte ich den Eigentümer eines namhaften Markenunternehmens kennen. Seine Frau war schon vor Jahren verstorben, die Ehe war kinderlos geblieben. Wohlmeinende Freunde rieten ihm schon viele Jahre zuvor, einen Beirat im Familienunternehmen einzurichten. Als starke Unternehmerpersönlichkeit wollte er weder Dritten Einblick in sein Unternehmen gewähren noch Macht teilen. Alleine die Vorstellung, einem Gremium Kontrollrechte einzuräumen und zu „rapportieren", erschien ihm unmöglich. Nach längerem Nachdenken und Abwägen fasste er dann doch den Entschluss, einen neuen Beirat zu gründen. Der Ratschlag, in die abgeänderte Satzung nur wenige, maßgebliche Unternehmensentscheidungen aufzunehmen und dem neuen Beirat ganz gezielte Aufgaben, insbesondere auch für den Todesfall zuzuordnen, erwies sich als weise.

Der neu etablierte Beirat wurde, zwar ähnlich einem Aufsichtsrat, aber eben bewusst als fakultatives beratendes Gremium ausgestaltet. Das Ratgeben stand und steht im Vordergrund und nicht das Aufsicht führen. Mit der Besetzung von fünf unabhängigen Mitgliedern, die unterschiedliche Know-how-Felder abdeckten, erfolgten strategische Weichenstellungen. Die ungerade Anzahl an Mitgliedern verhinderte Entscheidungs-Pattstellungen. Die Lebensgefährtin des Eigentümers hatte das Recht, aber auch die persönliche Pflicht, an allen Beiratssitzungen teilzunehmen. Sie war somit in das Firmengeschehen eingebunden. Banker wurden von der Aufnahme in den Beirat ausgeschlossen.

Der Gründer erzählte mir, dass sich diese Beiratskonstruktion zu seiner vollsten Zufriedenheit bewährt hat. Für den Fall seines Ablebens sind bereits alle maßgeblichen Unternehmens- und Personalentscheidungen (auf nicht Geschäftsleiterebene und im Ausland) vorbereitet und getroffen. In diesem Fall wandelt sich der Beirat unmittelbar und ohne weitere rechtliche Schritte in einen Aufsichtsrat. Dieser hat mit professioneller, externer Hilfe sofort eine zweiköpfige Geschäftsführung gemäß den bereits sorgfältig vordefinierten Anforderungsprofilen mit besonderem Fokus auf die Werte-Ebene (im Einklang mit den Unternehmenszielen wie Nachhaltigkeit und soziale auf Menschen ausgerichtete Unternehmensführung) auszuwählen und zu bestellen. Somit ist für den „Fall der Fälle" alles vorbereitet.

„Übernehmen statt Gründen" ist eine attraktive Alternative zur Neugründung und bietet zahlreiche Vorteile: Das Geschäftsmodell ist bereits erprobt und hat sich bewährt. Es gibt einen Pool an bestehenden Kunden, Lieferanten und

Kooperationspartnern. Eine eingespielte Belegschaft und bestehende Investitionsgüter sind eine nicht zu unterschätzende Anlaufhilfe. Das vorhandene Zahlen- und Datenwerk gibt Orientierung und erleichtert Prognosen.

Mehr als sieben Jahrzehnte nach dem Ende des Zweiten Weltkrieges ist das Thema der Unternehmensnachfolge besonders in den Blickpunkt gerückt. Bis 2023 stehen in Österreich mehr als 45.000 Betriebe zur Übergabe an. Während bei manchen Unternehmen die zweite Generation übernommen hat, binden andere Gesellschaften bereits die dritte Generation ein.

Die Thematik der geeigneten Unternehmensnachfolge betrifft so gut wie alle Gesellschaftsformen:

In den Familienunternehmen ist es die Generationennachfolge.

Bei den vielen KMUs, insbesondere im produzierenden, handwerklichen oder dienstleistenden Gewerbe, steht eine Vielzahl von Betrieben zur Weitergabe an potentielle Dritte an.

Bei vielen der etwa 3.200 Stiftungen ist das Thema Nachfolge ebenso präsent.

Bei den Konzernen und größeren Unternehmen erreicht die Fusionswelle nach zehn Jahren wieder größere Dimensionen als vor ihrem Höhepunkt anlässlich des Ausbruchs der Internationalen Finanz- und Wirtschaftskrise im Herbst 2007.

Zahlreichen Dienstleistern, Selbstständigen und Einzelunternehmen stellt sich die Nachfolgefrage ebenso.

Die weiter zunehmende Globalisierung, aber vor allem auch die Digitalisierung, verschärft dies. So erfahren Geschäftsmodelle, die sich über Jahrzehnte bewährt haben, erhebliche Änderungen. Umsatzrückgänge, erodierende Margen, Produkte, die sich in einem Markt gut verkaufen und nur wenige hunderte Kilometer davon entfernt nicht nachgefragt werden, gestiegene Kundenanforderungen, höhere Qualitätsansprüche und Wettbewerber, die oft nur einen Mausklick entfernt sind, seien beispielhaft genannt. Disruptive Erscheinungen bedrohen langjährig Gewachsenes und Etabliertes.

Professionelles und proaktives Nachfolgemanagement ist gefragt!

Eine Unternehmensübergabe rechtzeitig zu planen und vorzubereiten, ist ganz und gar nicht selbstverständlich und bedarf unabhängiger, externer und vertrauenswürdiger Ratgeber. Der Prozess will aktiv gemanagt sein. Der vermeintlich rationale Prozess hat sich aus Erfahrung als höchst emotional erwiesen.

Inspiration, Gewinnen von wertvollen Anregungen, Lernen aus der Erfahrung anderer aber auch Lesevergnügen

Wünscht herzlich

Josef FRITZ

Einleitung

Gut gerüstet sein für jeden Anlassfall – egal ob für die Betriebsübergabe innerhalb der Familie, an Mitarbeiter oder den Unternehmensverkauf an einen externen Übernehmer – darum geht es in diesem Buch.

Jeder potentielle Unternehmensverkäufer bzw. -übergeber ist sich nur eines kleinen Teils der Aufgaben bewusst, andere werden verdrängt oder er kennt sie gar nicht. Hier drängt sich geradezu der Vergleich mit dem bekannten Eisberg auf: Man sieht nur die Spitze, der größte Teil aber ist unter der Oberfläche verborgen. Mag. Doris Nöhrer und Mag. Michael Rötzer blicken unter die Oberfläche und zeigen auf, was man bedenken sollte und was man konkret tun kann, um sich auf eine Unternehmensübergabe vorzubereiten.

Anstatt die Betriebsübergabe „passieren" zu lassen, in der Not verkaufen zu müssen oder sogar im traurigen Fall des plötzlichen Versterbens des geschäftsführenden Gesellschafters ohne Vorkehrungen für die Hinterbliebenen dazustehen, sollte jeder Unternehmer auf das Thema Nachfolge frühzeitig gut vorbereitet sein.

Viele Unternehmer wissen gar nicht, dass sie dieses Thema eigentlich schon seit einiger Zeit beschäftigt – kommen Ihnen einige oder auch nur eine der untenstehenden Fragen bekannt vor, dann finden Sie in diesem Buch als ersten Schritt in Richtung Vorbereitung verschiedene Antworten, Ideen und Tipps zum Thema „erfolgreiche Nachfolge". Als nächsten Schritt empfehlen die Autoren ein persönliches Gespräch, um eine auf seine eigenen Bedürfnisse abgestimmte Nachfolge-Vorbereitung/Regelung zu erarbeiten.

Haben Sie sich eine der folgenden Fragen schon einmal gestellt? Oder verursacht ein ganz spezielles Thema Ihnen sogar schlaflose Nächte ...

- Wie finanziere ich meine Pension (ich habe zu wenig)!
- Ich habe Angst vor der Zukunft und ich weiß nicht, ob ich noch mithalten kann!
- Ich will nicht mehr die Verantwortung tragen und jeden Tag zur Arbeit kommen!
- Wer soll mein Nachfolger werden? Habe ich überhaupt einen Nachfolger?
- Hilfe, ich habe keinen Nachfolger! Was mache ich jetzt?
- Ist ein Firmenverkauf eine Möglichkeit? Wie mache ich das?
- Ich habe Angst, dass meine Mitbewerber und Angestellten zu früh erfahren, dass ich verkaufen will.

- Das gesamte Geschäft hängt von mir ab!
- Was ist mein Unternehmen eigentlich wert und wie viel bekomme ich dafür?
- Wie bekomme ich möglichst viel für mein Unternehmen?
- Mein Unternehmen ist nichts wert!
- Berater sind viel zu teuer und bringen nichts?
- Mit Beratern habe ich nur schlechte Erfahrungen gemacht!
- Einen Berater kann ich mir finanziell wirklich nicht leisten!
- Mein Steuerberater macht das schon für mich!
- Ich muss mich nicht (jahrelang) auf eine Übergabe vorbereiten!

Mag. Doris Nöhrer und Mag. Michael Rötzer geben Ihnen umfassende Information und viele Tipps zum Thema Unternehmensnachfolge. Dabei schöpfen die Autoren aus vielen Jahren Praxiserfahrung. Der Werbetherapeut Alois Gmeiner hat ausführliche Interviews mit den beiden Experten geführt, aus denen dieses Buch entstanden ist.

JEDES Unternehmen wird irgendwann übergeben werden (müssen)

Das letzte Kapitel im Geschäftsleben eines Unternehmers – gewollt oder ungewollt – ist der Verkauf seiner Firma oder die Übergabe an ein Familienmitglied. Früher oder später muss sich jeder Eigentümer eines Unternehmens mit diesem Thema beschäftigen und so ist es nie zu früh, seine Gedanken in Ruhe zu ordnen und mit der Planung dafür zu beginnen.

Die Nachfolge des Unternehmens innerhalb der Familie ist in den letzten Jahren stark zurückgegangen. Während im Jahr 1966 noch drei Viertel an Familienmitglieder übergeben wurden, war es im Jahr 2006 nur mehr die Hälfte. In den kommenden Jahren wird die Relevanz der familieninternen Betriebsübergabe weiter sinken – umso wichtiger ist es, die Alternativen zu kennen und frühzeitig mit der Vorbereitung auf diesen Prozess zu beginnen.

Warum ist es sinnvoll, eine Übergabe zu planen und vorzubereiten?

Je früher sich ein Unternehmer mit dem Thema Unternehmensnachfolge befasst, umso geregelter kann die Übergabe des eigenen Lebenswerks funktionieren und als Chance für die Zukunft genutzt werden. Dabei spielt es keine Rolle, ob Sie für Ihr Unternehmen den Nachfolger innerhalb der Familie, innerhalb des Unternehmens oder extern suchen. In jedem dieser drei Fälle sollte eine angemessene Vorbereitungszeit eingeplant und sinnvoll genutzt werden.

An dieser Stelle möchten wir mit einem verbreiteten Missverständnis in Bezug auf den Unternehmensverkauf aufräumen: Eine Übergabe beginnt nicht mit dem Verkaufsprozess, sondern damit, das Unternehmen übergabefit zu machen! Der Übergabeprozess besteht aus der Vorbereitungsphase und dem eigentlichen Verkaufsprozess.

Der Verkaufsprozess dauert durchschnittlich 6 bis 8 Monate, wenn Ihr Unternehmen in einem exzellenten Zustand und der gesamte Prozess ohne Verzögerung durchführbar ist. Realistisch betrachtet dauert ein Verkauf ca. 12 Monate. Etwas länger dauert es, wenn Sie Ihr Unternehmen noch übergabefit machen wollen (oder müssen).

In der Vorbereitungsphase muss das Unternehmen auf „Vordermann" gebracht werden. Je nachdem, wie viele Maßnahmen der Optimierung im Unternehmen gesetzt werden (müssen), kann der Übergabeprozess auch 2 oder mehrere Jahre von der Vorbereitung bis zum Verkauf oder der familieninternen Übergabe dauern. Dieser Zeitraum ist gerade in Bezug auf einen Unternehmensverkauf empfehlenswert, weil das Erzielen eines möglichst hohen Verkaufspreises und das Vorhandensein von vielen Interessenten nicht nur davon abhängt, wie übergabefit das Unternehmen selbst ist, sondern auch davon, ob die Marktsituation günstig ist.

In der Praxis ist es meist so, dass Unternehmer ihren Betrieb so schnell wie möglich übergeben wollen, sobald sie sich entschieden haben, einen Nachfolger zu suchen. Eine Übergabe ist aber nicht von heute auf morgen möglich, schon gar nicht, wenn man bei der Aufbereitung von Informationen und Unterlagen Sorgfalt walten lässt. Daher ist es sehr empfehlenswert, sich genügend Zeit für die Vorbereitung der Unternehmensnachfolge zu nehmen.

Warum sollten Sie eine Übergabe planen und gut vorbereiten?

Ganz einfach: Weil dadurch sowohl die Übergabe innerhalb der Familie reibungsloser und „erfolgreicher" klappt als auch ein möglicher Verkauf sauber und schneller abgewickelt werden und sich damit der Verkaufserlös erhöhen kann! Außerdem ist die Übergabe an einen externen Nachfolger mit guter Vorbereitung mit weniger Risiko für das zu übergebende Geschäft verbunden (Kunden und Mitarbeiter erfahren nicht schon vorab von Ihren Verkaufsplänen) und Sie haben eine größere Auswahl an möglichen Käufern, was wiederum den Verkaufspreis Ihres Lebenswerks nach oben treibt.

Wozu ein externer und erfahrener Berater?

Betriebsübergaben aber speziell Unternehmenstransaktionen, sprich all jene Projekte, welche mit dem Verkauf oder Kauf von Unternehmensanteilen zu tun haben, sind nicht der Regelfall und werden oft nur wenige Male bzw. im Fall der Unternehmensübergabe sogar nur einmal im Lebenszyklus eines Unternehmens (Gründungsphase – Wachstumsphase – Reifephase – Schrumpfungsphase) gemacht. Für einen Firmeneigentümer ist das fast immer Neuland, unbekanntes Terrain, daher sollte gerade dann der richtige Partner für den Erfolg dieser heiklen Projekte gewählt werden.

Ein externer Transaktionsberater begleitet Sie umfassend bei all jenen Projekten, in welchen Spezialistenerfahrung sowie unternehmerisches und wertorientiertes Denken notwendig sind. Ein guter Nachfolge-Berater konzentriert sich dabei ganz auf Ihr Projekt, ist beim Zeitfaktor sowie bei Art und Umfang der Leistungen flexibel und kann ein auf Ihre Bedürfnisse maßgeschneidertes Betreuungspaket anbieten.

Bei der Auswahl des richtigen Transaktionsberaters sollte auf seine umfassende Erfahrung, seine fachliche Expertise und sein Netzwerk von Partnern aus den Bereichen Fremdkapital- und Projektfinanzierung, Investoren und potentielle Käufer, Recht sowie Steuern und Wirtschaftsprüfung geachtet werden, wodurch Ihnen eine lückenlose und professionelle Betreuung aus einer Hand ermöglicht wird.

Mit dem richtigen Partner an Ihrer Seite können Sie rechtliche Risiken minimieren und den Verkaufspreis Ihres Lebenswerks maximieren.

Alles schön und gut – aber was kostet das?

Keine Angst, ein externer und erfahrener Berater bringt schon in der Vorbereitung aber dann vor allem im Verkaufsprozess enormen Mehrwert und rechnet sich von selbst. Denn durch seine Expertise kann ein höherer Verkaufspreis erzielt werden, sodass nicht nur das Beraterhonorar abgedeckt ist, sondern auch mehr Geld in der Kasse des Übergebers landet als er selbst bei einem Verkauf ohne erfahrenen Berater erzielt hätte.

Eine Prozessbegleitung bei einer Unternehmensübergabe macht Sinn ab einem Transaktionsvolumen von etwa einer halben Million Euro. Kleine Projekte und EPUs erreichen diese Größenordnung in der Regel nicht, daher kommen Transaktionsberater insbesondere bei (K)MUs zum Einsatz.

Ein Berater kann die unabhängige Sicht von außen – mit weniger Emotionen als der Verkäufer und mit entsprechender Erfahrung (er hat schon mehr als ein Unternehmen verkauft!) – bieten, spielt Sie im Tagesgeschäft frei und kann damit zu einem erfolgreichen Abschluss mit Kaufpreismaximierung beitragen.

Für wen ist dieses Buch?

Dieses Buch wendet sich insbesondere an Unternehmer, die ein KMU führen und ihr Unternehmen auf gesunde Beine stellen wollen, weil sie es an einen Nachfolger (vielleicht auch erst in ein paar Jahren) übergeben oder verkaufen möchten.

Leider übersehen viele Unternehmer den richtigen Zeitpunkt für die Übergabe und sie bekommen für ihr Lebenswerk nicht das, was sie eigentlich dafür bekommen sollten. Dieses Buch möchte ein Bewusstsein für das Thema Übergabe (mit Fokus auf externe Nachfolge, sprich Unternehmensverkauf) schaffen und Unternehmer dafür sensibilisieren, dass es sich auszahlt, sich frühzeitig mit dem Thema der Unternehmensnachfolge zu beschäftigen. Daher unser Aufruf an alle Unternehmer:

Warten Sie nicht zu lange – planen Sie die Übergabe frühzeitig!

Was Sie rund um das Thema Unternehmensnachfolge bedenken sollten, verraten wir Ihnen in diesem Buch. Alle Überlegungen, die Sie bei einer geplanten Übergabe anstellen MÜSSEN, können Sie natürlich auch zu jedem anderen Zeitpunkt für sich nützen – denn damit können Sie Ihrem Unternehmen einen deutlichen Mehrwert verschaffen.

Kapitel I – Übergabebereit sein! – beschäftigt sich mit all jenen Überlegungen, welche mit dem Entschluss für das Starten der Übergabe zusammenhängen. Sprich vor allem mit Überlegungen, wie etwa „Wann sollte ich mit dem Übergabeprozess beginnen?", „Meine Kinder folgen nicht nach – muss ich an meinen direkten Mitbewerber verkaufen oder habe ich andere Optionen?", „Wie sieht ein Verkaufsprozess eigentlich aus?" oder „Was mache ich danach?". Mit diesen Themen sollten Sie sich allerdings bestenfalls schon dann befassen, wenn Sie noch keine konkreten Schritte für eine Übergabe gesetzt haben oder eine Übergabe noch irgendwann in der (fernen) Zukunft liegt.

Kapitel II – Übergabefit sein! – behandelt all das, was Ihr Unternehmen wertvoller macht und wie Sie einen höheren Verkaufspreis erzielen können. Mit der Zunahme an Unternehmensverkäufen an familienfremde Dritte wird der Kaufprozess immer professioneller abgewickelt und der gewünschte Preis für das Unternehmen muss klar nachvollziehbar sein. Niemand kauft gerne die berühmte Katze im Sack (früher stopften Händler auf Märkten oft eine wertlose Katze statt des ausgemachten Kaninchens in einen Sack) ... Wenn man aber als Verkäufer weiß, worauf Käufer besonders achten und welche Geschäftsmodelle einen überdurchschnittlichen Verkaufspreis erzielen, dann kann man sich darauf vorbereiten und zuversichtlich in die Preisverhandlung gehen.

An vielen Stellen geben wir einen Tipp, um auf etwas hinzuweisen, was besonders nützlich für Sie ist. Da diese Tipps auf der Expertensicht von uns beiden – Doris Nöhrer und Michael Rötzer – gründen, haben wir kurzum die Anfangsbuchstaben unserer Namen herangezogen und sie „NÖRÖ-TIPP" genannt.

Übrigens: Selbst wenn Sie Ihr Unternehmen nicht sofort übergeben oder verkaufen wollen, können Sie durch die Tipps in diesem Buch den Wert Ihres Unternehmens steigern! Und Sie wissen ja bereits ... irgendwann wird jedes Unternehmen übergeben oder verkauft ...

Um Ihnen, liebe Leser, den Einstieg in das Thema noch weiter zu erleichtern, haben die Autoren eine Homepage zu diesem Buch angelegt, wo Sie zusätzliche Informationen herunterladen können:

www.erfolgreiche-unternehmensnachfolge.com

Außerdem sind mit diesem Buch zwei Gutscheine im Wert von jeweils 500 Euro verbunden, die Sie ebenfalls auf der Homepage downloaden und für ein weiterführendes Beratungsgespräch direkt bei den Autoren einlösen können.

Weitere Tipps und regelmäßige Updates zu diesem Buch erhalten Sie auf der Homepage unter
www.erfolgreiche-unternehmensnachfolge.com

Ihre Beratungs-Gutscheine im Wert von 2 x 500 Euro liegen bereit!

KAPITEL I –
Übergabebereit sein!

„Wer das Ziel kennt, kann entscheiden.
Wer entscheidet, findet Ruhe.
Wer Ruhe findet, ist sicher.
Wer sicher ist, kann überlegen.
Wer überlegt, kann verbessern. "
(Konfuzius)

Grundsatzüberlegungen zu Betriebsübergabe und Unternehmensverkauf

Unternehmensnachfolge in Österreich – die aktuelle Lage

GMEINER: Wie sieht die aktuelle Situation bei Betriebsübergaben und Unternehmensverkäufen im deutschsprachigen Raum derzeit aus?

NÖHRER: Seit zehn Jahren haben wir gerade im österreichischen Mittelstand – EPUs sind davon ausgenommen – stark steigende Themen bei der Unternehmensnachfolge[1]. Bis vor etwa zehn Jahren ist ein Unternehmen großteils innerhalb der Familie übergeben worden. Dann hat sich das ein wenig dahingehend gedreht, dass die Nachkommen das Unternehmen nicht übernehmen können oder wollen oder schlichtweg keine Kinder vorhanden sind. Daher ist man dazu übergegangen, Übernehmer im Unternehmen bei den Angestellten oder auch extern zu suchen.

GMEINER: Gibt es bestimmte Gründe, warum Kinder den Betrieb nicht übernehmen? Ist es Angst vor dem Unternehmertum? Weil sie sehen, was die eigenen Eltern tun und dass sie ständig arbeiten müssen? Warum übernehmen Kinder nicht?

NÖHRER: Aus meiner Erfahrung – ich kann nicht sagen, ob das statistisch stimmt oder nicht – ist es so, dass die Kinder ihr Leben selbst in die Hand nehmen wollen und selbst Erfahrungen machen wollen. Mag sein, dass die Erfahrungen teilweise abschrecken – wenn der Papa nie zuhause war oder die Firma immer mit nach Hause genommen wurde, wenn es der Firma mal nicht gut ging, wurden diese beruflichen Konflikte in die Familie getragen. Jedenfalls wollen die Kinder oft etwas anderes erleben, eine konträre Ausbildung zum Familienbetrieb machen und einfach ein anderes Berufsfeld erobern.

Früher war es einfach üblich, dass man den Familienbetrieb übernommen hat. Das „Üblichsein" gibt heute nicht mehr in dieser Form – Kinder wollen den elterlichen Betrieb immer seltener übernehmen.

Ein anderer Punkt ist, dass manche Kinder, die den Betrieb freiwillig übernehmen oder sogar zur Übernahme gezwungen werden, nicht die Fähigkeit haben, diesen erfolgreich weiter zu führen. Die Gründe für die mangelnden Fähigkeiten in der Unternehmensführung sind unterschiedlich. Wenn die Kinder den Betrieb freiwillig übernehmen, fehlt es ihnen oft an Erfahrung und

---

[1] Vgl. https://www.bmwfw.gv.at/Unternehmen/Documents/Mittelstandsbericht_barrierefrei_15.11_Version3.pdf

Know-how. Wenn sie zur Übernahme gezwungen werden, sind sie nur halbherzig bei der Sache.

Manche übernehmen den Betrieb mit der Einstellung: „Super, wir haben ein gut gehendes Unternehmen, ich setze mich als Geschäftsführer hinein, verdiene ordentlich, habe aber nie Erfahrung gesammelt, bringe mich auch nicht großartig ins Unternehmen ein, weil die Mitarbeiter ohnehin alle brav arbeiten." Der Übergeber, sei es der Vater oder die Mutter, scheiden irgendwann aus dem Unternehmen aus. Oder sie sterben ganz plötzlich, sodass die Kinder ins kalte Wasser geworfen werden. Daraus ergibt sich, dass oft Unternehmen peu à peu runtergewirtschaftet werden, ohne dass das jemand noch zeitgerecht wahrnimmt. Erst ganz am Schluss sieht man: Ups, jetzt funktioniert nichts mehr! An diesem Punkt schlittert man meistens schon in die Krise Richtung Insolvenz.

Schon gewusst? *Früher war es üblich, dass ein Familienbetrieb von einem der Nachkommen übernommen wird. In den letzten Jahren hat diese Form der Nachfolge immer mehr an Bedeutung verloren und es wird auch in Zukunft immer wichtiger, sich frühzeitig mit einer geeigneten Lösung zu beschäftigen!*

Gründe für eine Unternehmensnachfolge

GMEINER: Was sind die Hauptgründe für Unternehmensübergaben?

NÖHRER: Laut Statistik ist der häufigste Grund für die Unternehmensübergabe nach wie vor der Pensionsantritt. Etwa 70 % der Übergaben erfolgt altersbedingt. Ungefähr 10 % der Gründe sind gesundheitliche Aspekte, die nichts mit dem Alter zu tun haben. Ich selbst habe 40- bis 50-jährige Unternehmer beim Unternehmensverkauf begleitet, weil sie aus gesundheitlichen Gründen einfach nicht mehr fähig waren, den Betrieb weiterzuführen. Der restliche Prozentsatz umfasst unterschiedliche Gründe, zum Beispiel dass jemand auch unselbständig beschäftigt ist und das Unternehmertum beiseite legen möchte, weil ihm die unselbständige Tätigkeit mehr Spaß macht.

Eine Studie der KMU Forschung Austria mit dem Titel „Unternehmensübergaben und -nachfolgen in Österreich. Status quo 2014: Aktuelle Situation und zukünftige Entwicklungen", erstellt im Juli 2014, gibt einen guten Überblick.[2] Demnach werden ungefähr 26 % der gewerblichen Wirtschaft in Österreich

---

[2] Vgl. https://www.bmwfw.gv.at/Unternehmen/Documents/Unternehmensübergaben%20 und%20-nachfolgen%20in%20Österreich_2014.pdf

das Thema Übergabe im Zeitraum bis 2023 betreffen. Wenn ich von der gewerblichen Wirtschaft spreche, sind EPU immer ausgenommen. Diese 26 % der Unternehmen werden übergeben, egal ob freiwillig oder unfreiwillig. Da sind wir mitten im Thema dieses Buches. Freiwillig, weil man – hoffentlich! – darüber nachdenkt und die Übergabe plant. Unfreiwillig, weil es einfach nicht mehr geht (oft in Verbindung mit einer Insolvenz) oder weil der Unternehmer stirbt oder weil die Kinder nicht übernehmen wollen.

Von den genannten 26 % der Betriebsübergaben werden knappe 450.000 Arbeitsplätze im Zeitraum bis 2023 betroffen sein. Das ist wirklich sehr viel. Es gibt andere Statistiken, die zeigen, dass Betriebe nach der Übergabe viele zusätzliche Arbeitsplätze schaffen, weil danach das Unternehmen vorangetrieben und ausgebaut wird.

Die Verantwortung ist also extrem hoch, die mit einer NACHFOLGE einhergeht. Darum sollte man dem Thema Betriebsübergabe eine ordentliche Portion Aufmerksamkeit widmen. Das Sensibilisieren beginnt jetzt erst bei vielen Unternehmern aus dem Mittelstand. Sie beginnen langsam zu überlegen: „Hey, ich muss mich damit beschäftigen und erst mal intern in der Familie abklären, ob jemand den Betrieb übernehmen will. Falls nicht: Wie schaut es mit meinem Management aus? Würde das mitziehen? Wenn ich der alleinige Geschäftsführer bin, hole ich mir vielleicht frühzeitig ein externes Management herein, welches dann in diese Rolle hineinwachsen kann? Oder bereite ich den Unternehmensverkauf zeitgerecht vor?"

Lassen Sie mich bitte auch kurz zwei Praxisbeispiele aus der Vergangenheit erzählen – dann wird diese Dringlichkeit bzw. Verantwortung, das Thema Nachfolge wirklich gut vorzubereiten und offen innerhalb der Familie anzusprechen, noch klarer.

Nachfolger A hat über 40 Jahre ein tolles mittelständisches Unternehmen im Bereich Elektrotechnik (Entwicklung und Produktion) aufgebaut und sich einen Nischenplatz mit langjährigen Kunden gesichert. Das Unternehmen hat über 100 Mitarbeiter beschäftigt und war höchst profitabel. Besagter Unternehmer A hatte zwei Söhne, die beide mit ihrer Volljährigkeit zu je gleichen Teilen (gemeinsam mit dem Vater) als Gesellschafter am Unternehmen beteiligt wurden. Beide hatten zwar keine einschlägige Ausbildung in Richtung Elektrotechnik oder Betriebswirtschaft, stiegen aber trotzdem auf eigenen Wunsch ins Unternehmen ein.

Der Vater versuchte sich jedes Jahr ein Stückchen mehr aus dem Tagesgeschäft zurückzuziehen und seinen Söhnen das Feld zu überlassen. Die Söhne sahen nur leider keine Notwendigkeit, das gut laufende Unternehmen in die Hand zu nehmen und im Sinne ihres Vaters oder aber auch durch neue eigene Ideen auf einem positiven und profitablen Pfad weiterzuführen. Kunden wurden vernachlässigt, wichtige Schlüsselmitarbeiter verließen das Unternehmen, die jährlichen Gewinnausschüttungen wurden immer größer anstatt einen Teil dafür in neue Entwicklungen oder anstehende Investitionen zu stecken.

Dies ging 5 Jahre lang gut, danach waren die Eigenkapitalreserven endgültig aufgebraucht und die Ergebnismargen zeigten von steil nach oben über gleichbleibend schließlich nach unten. Ob die Söhne schlichtweg kein Interesse am Unternehmen hatten, nicht die notwendigen Fähigkeiten besaßen, um die Lage richtig einzuschätzen, oder ob es andere Gründe für ihr Verhalten gab, kann ich nicht beurteilen. Ich habe nur vom Vater einen Anruf erhalten, bevor es für das Unternehmen 5 vor 12 geschlagen hat. Er hat mich gebeten, rasch einen Käufer für das Unternehmen zu finden, damit seine noch verbliebenen Mitarbeiter und generell sein Lebenswerk doch noch in gute Hände gelangen. Ohne dies aber mit den beiden anderen Gesellschaftern abzustimmen (also mit seinen beiden Söhnen, die in Summe die Mehrheit am Unternehmen hielten), konnte ich ihm keine Zusage für die Käufersuche machen. Er wollte allerdings partout nicht, dass seine Söhne etwas davon mitbekommen und so vielleicht das Gefühl bekämen, etwas falsch gemacht zu haben oder nicht gut genug zu sein – es hätte so aussehen sollen, als hätte ein externer Interessent ein Angebot für das Unternehmen gemacht, welches der Vater seinen Söhnen dann versucht hätte „einzureden" ...

Ein Verkaufsprojekt auf diese Art und Weise ist allerdings nicht realisierbar, weder rechtlich noch in praktischer Anwendung! Auch Vorschläge meinerseits, das ganze Thema in Ruhe mit den Söhnen direkt abzuklären oder vielleicht einen externen Geschäftsführer zur Unterstützung der Söhne ins Unternehmen zu holen, wurde von Unternehmer A abgelehnt, aus Sorge, seine Söhne könnten durch sein Verhalten verletzt werden ... Ich konnte ihm leider so nicht helfen. Keine 12 Monate später musste Insolvenz angemeldet werden, sowohl die Mitarbeiter als auch die Söhne haben ihren Arbeitsplatz dadurch verloren und das Lebenswerk von Unternehmer A war (traurige) Geschichte.

Unternehmer B hält in zweiter Generation die Geschäfte seines kunststoffproduzierenden Unternehmens mit über 100 Millionen Euro jährlichem Umsatz und guter Rentabilität, im Alter von weit über 70 Jahren immer noch fest in der Hand. Eines seiner Kinder ist vor einigen Jahren in die Geschäftsführung eingestiegen und leitet diese „eigentlich" eigenständig, der Vater hat sich „offiziell" aus dem operativen Geschäft zurückgezogen. Dennoch tritt der

Vater immer noch bei Terminen mit neuen Kunden, bei Betriebsfeiern oder im Kontakt mit Beratern als Speerspitze des Unternehmens auf.

Als ich ihn kennengelernt habe, hat er mich gefragt, ob ich Ideen für einen passenden Käufer für sein Unternehmen hätte – meine übliche, erste Frage nach Nachfolgern innerhalb der Familie hat er damit beantwortet, dass er seinem Sohn die eigenständige Geschäftsführung nicht zutraue, obwohl er sie ihm vor Jahren schon übertragen hatte. Dies war auch seine Erklärung dafür, weswegen er nicht aus dem Unternehmensalltag ausscheiden möchte.

Ich habe ein Gespräch gemeinsam mit dem Sohn bzw. danach einen Tages-Workshop zur weiteren „Strategieentwicklung" des Unternehmens vorgeschlagen, wo auch die Option, sich einen strategischen Partner ins Unternehmen zu holen bzw. dieses vielleicht sogar komplett zu verkaufen, diskutiert wurde. Quintessenz dieser Gespräche war, dass der Sohn und aktuelle Geschäftsführer keineswegs zu inkompetent für seine Rolle war, sondern sogar viele Ideen für Neuerungen, einen tollen Umgang mit den Mitarbeitern sowie die Zahlen in Griff hatte. Er hätte sich vielleicht Unterstützung im Vertrieb gewünscht und wollte das Unternehmen unbedingt „endlich als eigenständiger geschäftsführender Gesellschafter" auch nach Außen sichtbar führen. Einzig Unternehmer B konnte und wollte nicht „loslassen" und hat so unbewusst seinem Sohn das Unternehmerleben aber auch die Möglichkeit, das Familienunternehmen in die nächste Generation zu bringen, nahezu unmöglich gemacht. Erst der plötzliche Tod des Vaters hat den (wieder traurigen) Befreiungsschlag für den Sohn als erfolgreichen Nachfolger gebracht.

Beide Beispiele sollen die Dringlichkeit der frühzeitigen Planung der Nachfolge und die Wichtigkeit der neutralen Kommunikation innerhalb der Familie verdeutlichen. Ich bitte alle Übergeber, sich auch einmal durch die Brille der Kinder zu sehen und gut zu überlegen, ob diese wirklich geeignete Nachfolger sind bzw. wenn sie es sein könnten, die Kinder auch machen zu lassen!

Schon gewusst? *Selbst wenn eine Betriebsübergabe noch in ferner Zukunft erscheint, sollten Sie sich mit folgenden Fragen beschäftigen:*

- *Will jemand aus meiner Familie meinen Betrieb übernehmen?*
- *Wenn nein: Hat jemand aus dem Management Interesse an der Nachfolge?*
- *Wenn nein: Hole ich eventuell frühzeitig ein externes Management in mein Unternehmen, das in die Rolle des Nachfolgers hineinwachsen kann?*
- *Oder bereite ich zeitgerecht den Unternehmensverkauf vor?*

Für wen und vor allem wann macht ein Transaktionsberater Sinn?

GMEINER: Ein Transaktionsberater kommt ja hauptsächlich bei der letzten angesprochenen Variante, dem Unternehmensverkauf ins Spiel. Sollten auch EPU oder kleine Unternehmen einen Transaktionsberater engagieren, wenn es keinen Nachfolger innerhalb der Familie oder des Unternehmens gibt?

NÖHRER: Diese Unternehmensgruppen haben üblicherweise nicht die finanziellen Ressourcen, sich in einem sinnvollen Ausmaß von einem Transaktionsberater betreuen zu lassen – Preis-Leistung stehen in keinem vernünftigen Verhältnis zueinander. Das ist definitiv nicht optimal.

Was ich persönlich hier immer gerne als Variante „Light" anbiete, ist eine Suche über mein persönliches (nationales und internationales) Investoren-Netzwerk zu starten. Für diesen Fall sind vor allem Privatpersonen mit entsprechenden finanziellen Möglichkeiten und dem Wunsch sich ein Unternehmen, gerne auch ein kleineres, zu kaufen die geeignete Hauptgruppe. Gerne bringe ich dann das Unternehmen und meine Investoren zusammen und unterstütze nur beim ersten Kennenlerngespräch und bei der Vorbereitung darauf.

GMEINER: Was ist für Sie ausschlaggebend? Orientieren Sie sich am Jahresumsatz oder an der Anzahl der Mitarbeiter?

NÖHRER: Erfahrungsgemäß macht eine Transaktionsbegleitung ab einer halben Million Euro Transaktionsvolumen – bezogen auf das Preis-Leistungs-Verhältnis – Sinn. Anders gesprochen kann man sagen, bei Unternehmen zwischen etwa 3 und 5 Millionen Umsatz sollte man sich für das Gelingen des Projektes einen professionellen Berater holen.

Egal, ob wir von kleineren KMU oder größeren Mittelstandsunternehmen sprechen, man muss damit rechnen, dass ein Transaktionsprozess Minimum sechs Monate dauert. Ich sage immer gerne auf den Arbeitsaufwand bezogen: „Kleinvieh macht auch viel Mist" – denn die Tätigkeiten im Zusammenhang mit einem Unternehmensverkauf sind nahezu ident bei sowohl kleinen KMU als auch bei Unternehmen mit beispielsweise 50 Millionen Euro Umsatz oder mehr. Das unterschätzen viele Unternehmer von kleineren Betrieben oft und es ist schwierig, ein Verständnis für die notwendigen finanziellen aber auch zeitlichen Ressourcen zu schaffen.

Ein guter Transaktionsberater arbeitet sorgfältig, setzt sein Netzwerk gekonnt ein und kommt in den heißen Phasen des Unternehmensverkaufs nicht selten auf 40 Wochenstunden Arbeitspensum. Auch der Unternehmer selbst muss sich bewusst werden, dass er einiges an Zeit in den Prozess investieren muss, wenn dieser erfolgreich werden soll.

In Summe sollten die Kosten für den Transaktionsberater als Minimum on top beim Verkaufspreis erzielt werden. Das ist mir bis jetzt bei jedem abgeschlossenen Verkaufsprozess, den ich gemacht habe, gelungen. Mehr noch, der endgültige Kaufpreis lag in der Regel noch über dem ersten Gebot eines Interessenten – und zwar deswegen, weil ein Transaktionsberater viele Dinge berücksichtigt, die der Unternehmer selbst meistens nicht bedenkt. Zum Beispiel das Thema Haftung und Einpreisen von sonstigen Faktoren in den Verkaufspreis – ein guter Transaktionsberater sollte schon vor einer genaueren Prüfung des Unternehmens durch einen Interessenten eventuelle „Kaufpreisminderungen" aufdecken und diese noch vor dem Verkaufsstart mit dem Unternehmer selbst verbessern bzw. ein Verständnis beim Verkäufer für einen realistischen Verkaufspreis schaffen. Damit wäre auch der erste Grundstein für einen erfolgreichen Verkaufsprozess gelegt.

Ich kenne beiden „Seiten" sehr gut, sowohl die Verkäuferseite als auch die Käuferseite – gerade hier können meine Kunden aus dem Nachfolgebereich profitieren. Ich weiß aus jahrelanger Erfahrung, wie die Gegenseite bzw. deren mögliche Berater ticken und kann hier den Prozess optimal steuern und meinen Kunden vor „Fallen" bewahren.

Kurz noch zur Honorargestaltung: Diese ist bei jedem Berater etwas unterschiedlich – wenn ich kleinere Transaktionen (sprich Transaktionsvolumen ab ca. 1 Million Euro) berate, dann erfolgt dies meistens auf Stundensatzbasis, das heißt, die gesamten Arbeitsstunden werden nach tatsächlich anfallendem Aufwand abgerechnet. Bei größeren Transaktionen (ab ca. 5 Millionen Transaktionsvolumen) wird sowohl ein gewisses Fixum pro Monat abgerechnet als auch eine Erfolgskomponente, sprich ein Prozent-Anteil vom Transaktionsvolumen bei erfolgreich abgeschlossener Transaktion.

Eine fixe, ständig geltende Regelung für mein Honorar gibt es allerdings nicht bzw. würde auch keinen Sinn machen – ich passe die Leistung und den Arbeitsumfang immer an die Bedürfnisse und die Situation meines Kunden an. Ziel ist für mich immer, dass der Kunde glücklich aus diesem Projekt raus geht und kein Frust entsteht, weil falsche Vorstellungen vorhanden waren.

Schon gewusst? *Eine umfassende Transaktionsbegleitung macht Sinn ab einer halben Million Euro Transaktionsvolumen. Ein Transaktionsprozess dauert mindestens sechs, im Schnitt etwa zwölf Monate. Ein Transaktionsberater bringt durch sein umfangreiches Know-how zahlreiche Vorteile: höheren Verkaufserlös, erhöhte rechtliche Sicherheit, Vertraulichkeit.*

NÖHRER: Man muss sich als Unternehmer immer selbst die Frage stellen: Bin ich gewillt, einen Berater zu bezahlen? Ein guter Berater kann durch seine Expertise den Kaufpreis maximieren und Haftungsthemen minimieren und rechnet sich so von selbst!

GMEINER: Man kann es also vergleichen mit einem Künstler, der durch einen Manager die Geschäfte abwickeln lässt? Ein Künstler tut sich in der Regel schwer, sich von seinen eigenen Werken zu trennen, deshalb beauftragt er meist einen Manager mit der geschäftlichen Abwicklung.

NÖHRER: Gehen wir vom Unternehmensverkauf als Variante der Nachfolge aus – und diese Variante gewinnt in den kommenden Jahren immer mehr an Bedeutung, weil die Nachfolge innerhalb der Familie immer weiter abnimmt – dann ist Fakt, dass der Unternehmer selbst sein Lebenswerk in der Regel nur ein Mal verkauft. Das ist für ihn schwierig, er weiß nicht, wo er anfangen soll, das Thema ist oft emotional behaftet und er muss noch dazu gleichzeitig das Tagesgeschäft weiterführen.

Ich als Transaktionsberaterin verkaufe und kaufe seit über zehn Jahren Unternehmen. Ich gehe mit kühlem Kopf, sachlich und mit dem fachlich notwendigen Know-how an die Sache heran und kann auf große Erfahrung in diesem Bereich zurückgreifen.

Gerade beim Thema Vertraulichkeit bzw. Verschwiegenheit ist es gut, wenn man einen Transaktionsberater als Mittelsmann hat. Ich kann einer möglichen Unruhe am Markt aber auch im Unternehmen durch „Verkaufsgerüchte" entgegenwirken, indem ich den Verkauf so lange wie möglich vertraulich abwickle und bei potentiellen Käufern anonym anfrage, ob ein Kaufinteresse besteht.

Je länger die „Ruhe" gewahrt bleibt, desto höher ist auch der Unternehmenswert. Wenn Kunden, Lieferanten, aber auch Mitarbeiter ein „ungutes" Gefühl in Bezug auf die Sicherheit der zukünftigen Zusammenarbeit mit einem Unternehmen oder ihrem Arbeitsplatz haben, ist die Gefahr hoch, dass sie sich eine Alternative suchen – so gehen oft Kunden und wichtige Mitarbeiter „verloren", wenn der Prozess nicht professionell vorbereitet und betrieben wird, und das schlägt sich entsprechend im Verkaufspreis nieder. Daher macht es auf jeden Fall Sinn, einen Transaktionsberater zu engagieren.

GMEINER: Wenn ein Unternehmen an ein Familienmitglied übergeben wird, macht es dann auch Sinn, einen Transaktionsberater zu beauftragen?

NÖHRER: Die interne Nachfolgeregelung ist ein sehr emotional behaftetes und zentrales Thema in jedem Unternehmen, in welchem die nächste Generation übernehmen soll. Bestenfalls hat die Familie bereits in diversen Gesprächen die notwendigen Thematiken klären und einen geregelten Übergabeplan für sich erstellen können. Natürlich ist ein Transaktionsberater nicht immer zwingend notwendig um die Nachfolge erfolgreich managen zu können. Meiner Ansicht nach braucht eine familieninterne Übergabe allerdings mehr Kommunikation als mit einem externen Übernehmer, sprich es sollte frühzeitig überlegt werden, wer das Unternehmen übernehmen will und kann und wie man das machen möchte.

Es gilt zu klären, wie die finanzielle Komponente, aber auch die Verantwortlichkeiten vor und nach der Übergabe ausgestaltet werden. Gerade in der familieninternen Übergabe kann man die Anteile ohne monetäre Gegenleistung an seine Kinder übertragen, aber ich habe auch schon oft erlebt, dass es eine gewisse Art von Kaufpreis gibt bzw. sogar vom Übergeber gewünscht wird, um die Ernsthaftigkeit der Übernehmer als neue Geschäftsführer aber auch die eigene private Vorsorge zu sichern. Diesbezüglich gibt es häufig schwierige Themen und große Diskussionspunkte. Gerade hier kann ein externer Transaktionsexperte mit seinem fachlichen Wissen bezüglich geeigneter Transaktionsfinanzierung, seinen Kontakten zu finanzierenden Banken, aber auch als erfahrender Mediator einen großen Mehrwert bringen und für das erfolgreiche Gelingen der internen Übergabe sorgen!

Wenn es um die Aufteilung der Verantwortlichkeiten geht, ist es oft heikler als man denkt – Fragen wie „Wie lange bleibt der Senior noch im Unternehmen?" oder „Muss ich mich am Tag nach der Übergabe völlig aus dem Geschäft zurückziehen oder gibt es eine Zwischenlösung?" sind häufig und können gut mit Hilfe eines Mediators geklärt werden.

Ich habe in solchen Situationen schon häufig gemeinsam mit dem Kunden im Zuge von Workshops einen sinnvollen „Katalog an Regeln für die gelungene Übergabe innerhalb der Familie" erstellt, welcher bei einem reibungslos(er)en Übergang von Alt auf Jung unterstützt.

Schon gewusst? Eine detaillierte Planung ist für eine erfolgreiche Unternehmensübergabe entscheidend! Laut KMU Forschung Austria[3] werden Unternehmensübergaben zwar zunehmend besser geplant und externe Hilfe wird häufiger beansprucht, in kleinstbetrieblichen Strukturen fehlt es jedoch immer noch häufig an einer ausführlichen Übergabeplanung. Fakt ist auch, dass eine gute Beziehung zwischen Übergeber und Nachfolger den Erfolg einer Übergabe (sowohl die wirtschaftliche Entwicklung als auch die persönliche Zufriedenheit auf beiden Seiten) fördert.

---

[3] vgl. https://www.bmwfw.gv.at/Unternehmen/Documents/Unternehmensübergaben%20 und%20-nachfolgen%20in%20Österreich_2014.pdf

Gute Kommunikation … der wahrscheinlich wichtigste Baustein in einer erfolgreichen Unternehmensnachfolge

Ein Gastbeitrag von Frau Dr. Kasia Greco

Die interne Nachfolge in (Familien-)Unternehmen stellt schon seit jeher für viele Betriebe ein äußerst schwieriges und komplexes Projekt dar. Eine perfekte Übernahme ohne jegliche Schwierigkeiten lässt sich hierbei durchaus zu den Raritäten zählen. Unter anderem ist es deswegen auch von so immenser Wichtigkeit für Unternehmer, die unausweichliche zukünftige Übergabe der Geschäftsleitung bereits lange vor dem Ruhestand zu bedenken und zu planen.

Denn im Gegensatz zu einer beispielsweisen Position in einem Großkonzern, wo Ruhestand bedeutet, dass man das Unternehmen verständigt und vereinfacht gesagt einfach nicht mehr im Büro erscheint, ist dies bei Familienunternehmen ungleich komplexer und stellt eine Person vor mannigfaltige Fragen wie beispielsweise der wahrscheinlich wichtigsten davon: „Was wird aus meinem Unternehmen in Zukunft werden, wenn ich im Ruhestand bin?" Mit dieser Frage gehen viele – großteils stark emotional behaftetet – weitere Fragen und Themenbereiche einher, welche es im Zuge des Übergabeprozesses zu beantworten und zu lösen gilt.

Die meisten Unternehmen in Familienhand wurden zumeist über Jahrzehnte von teilweise mehreren Generationen aufgebaut und stellen neben dem wirtschaftlichen auch in vielen Fällen einen sentimentalen Wert dar. Wie auch beim Unternehmensverkauf an einen externen Übernehmer haben die Emotionen hier den meisten Einfluss auf Erfolg und Misserfolg der Übergabe an die nächste Generation. Diese „Generationswende" schafft nur ein Drittel aller Familienunternehmen ohne jegliche Unstimmigkeiten.

Unterschiedliche Vorstellungen und Visionen von jetzigen und zukünftigen Firmeneigentümern bzw. eine hohe Erwartungshaltung seitens des ursprünglichen, „alten" Eigentümers an die zukünftige Generation können zu Unstimmigkeiten und damit zu einer suboptimalen Stimmung führen, was die Übergabe häufig erschwert, in den schlimmsten Fällen gar verhindert und zu langjährigen Familienstreitigkeiten führen kann.

Aber auch Steuerfragen und etwaige Verzögerungen der Übergabe bei einem plötzlichen Todesfall führen gemeinsam mit vielen anderen Problemstellungen dazu, dass laut einer Harvard-Studie über 80(!) Prozent der Familienunternehmen im europäischen Mittelstand während oder nach der Übergabe scheitern. Hauptursache sind hierbei die bereits angesprochenen zumeist ungeklärten emotionalen Konflikte.

Wie soll man sich als Eigentümer also trotz kompetenter Rechts- und Steuerberatung am besten verhalten?

Eines der häufigsten Probleme in Bezug auf diese Fragestellung ist hierbei definitiv der oftmals fehlende „Übergabewille" – ob rationaler oder emotionaler Natur – des momentanen Inhabers.

Möglicherweise auftretende Problemstellungen in Bezug auf emotionale Aspekte können durch eine frühzeitige Identifikation von potentiellen Konfliktfeldern, eine klare und strukturierte Kommunikation, fixe Vereinbarungen („Regelkatalog" zur Übergabe) und durch die direkte und aktive Lösung von auftretenden Unstimmigkeiten vermieden werden. Auch die Einrichtung eines Beirats stellt oftmals eine hilfreiche und lohnenswerte Option dar.

Dabei ist zu beachten, dass alle genannten Aktivitäten durch den Einsatz von externen Beratern in vielen Fällen erheblich erleichtert oder überhaupt erst möglich gemacht werden können.

Lassen Sie mich Ihnen die eben skizzierten Themen, welche für eine erfolgreiche Unternehmensnachfolge und Unternehmensübergabe ausschlaggebend sind, genauer darstellen:

„Die emotionalen 5"

1. Frühzeitige Identifikation etwaiger Konfliktfelder

Ein sehr wichtiger Tipp ist definitiv eine Liste zu erstellen, welche alle im Unternehmen tätigen und involvierten Personen enthält und detailliert beschreibt, welche Person wofür verantwortlich ist, welche Dynamiken innerhalb des Unternehmens existieren, wer direkt mit den Unternehmern und GeschäftsführerInnen arbeitet und wer nur indirekt betroffen ist, welche Personen am besten miteinander harmonieren oder wer beispielsweise Karriere machen möchte bzw. an höheren Positionen interessiert ist. Diese und viele andere Fragestellungen sollten für jedes Unternehmen, welches sich vor einer Übergabe befindet, höchste Priorität haben und helfen dabei, exakte menschliche Kommunikationswege kennenzulernen und damit mögliche Konfliktsituationen bereits im Vorfeld zu entschärfen.

2. Strukturierte und klare Kommunikation

Informationen müssen in Form eines klaren und gut durchdachten Kommunikationsplans von Anfang an kommuniziert werden, um etwaigen Missverständnissen bzw. allgemeiner Unwissenheit vorzubeugen.

3. Konkrete Vereinbarungen („Regelkatalog der erfolgreichen Übergabe")

Um eine gute Basis für spätere Verbindlichkeit zu schaffen, ist es wichtig, alle relevanten Vereinbarungen bestenfalls schriftlich zu dokumentieren, um möglichen Disputen bei der Unternehmensnachfolge entgegenzuwirken. Eine Vereinbarung kann dementsprechend beispielsweise zwischen Senior & Junior Unternehmern, Nachfolgern, Familienmitgliedern, Mitarbeitern und auch Lieferanten und sonstigen Geschäftspartnern getroffen werden.

4. Konfliktlösung

Zahlreichen Konflikten kann, auch wenn die Vermeidung nicht immer möglich ist, mit geeigneten Präventionsmaßnahmen bereits im Vorhinein vorgebeugt werden. Sollten Probleme auftreten ist es von enormer Wichtigkeit, diese auch direkt und konkret anzusprechen und die Konfliktsituation auf einer möglichst emotionsbefreiten Basis von außen zu betrachten, um adäquate Lösungen finden zu können.

5. Produktive Zusammenarbeit der Generationen

Wie balanciere ich Macht und Liebe in Bezug auf Familienunternehmen?

Was hält mich davon ab, teils unumgängliche und wichtige Entscheidungen zu treffen?

Warum betrachte ich nicht meine zahlreichen Aktivitätsoptionen abseits des Unternehmens?

Je mehr Zeit Sie sich nehmen, die involvierten Menschen, ihre Wünsche, Ideen und Emotionen zu verstehen, umso besser werden Sie das Unternehmen abgeben / übernehmen / führen können!

Veränderung als Chance – statt sich dagegen zu wehren

Gemeinsam können sich „Jung" und „Alt" die Hand reichen und mit neuen Ideen langjährige Unternehmen zu weiterem Aufschwung und mehr Rentabilität verhelfen. Nur alleine die Menschen, die gemeinsam im und am Unternehmen arbeiten, zeichnen erfolgreiche Unternehmen mit Alleinstellungsmerkmal aus.

Was macht eine Transaktionsberaterin?

Mag. Doris Nöhrer ist Geschäftsführerin der Panthera GmbH und Expertin, wenn es darum geht Unternehmen zu verkaufen oder zu kaufen. Sie begleitet Mittelstandsunternehmer vor allem bei Unternehmensübergaben. Sie verfügt über langjährige nationale und internationale Projekterfahrung im Zusammenhang mit Unternehmenstransaktionen quer über alle Branchen und Größenordnungen und hat bis jetzt an rund 100 Deals mit einem Volumen von über 800 Millionen Euro mitgewirkt. Gerade ihr großes Netzwerk an Investoren und Geschäftspartnern erlaubt es ihr immer wieder, auf sehr vertraulicher Basis den richtigen Nachfolger für ihre Mandanten zu finden.

GMEINER: Frau Nöhrer, was machen Sie als Transaktionsberaterin im Zusammenhang mit dem Thema Nachfolge genau?

NÖHRER: Als Transaktionsberaterin unterstütze ich einen Unternehmer, der sein Unternehmen übergeben oder verkaufen möchte, und zwar hauptsächlich beim gesamten Verkaufs- und Übergabeprozess.

Das beginnt bei den ersten Überlegungen des Unternehmers: Wie gehe ich es an? Wo soll für mich die Reise später hingehen, privat und beruflich?

Die Prozessbegleitung beinhaltet als ersten Schritt die Strategieentwicklung: Muss ich mein Unternehmen noch verändern, sprich übergabefit machen?

Schließlich begleite ich vor allem den eigentlichen Transaktionsprozess, wenn der Nachfolger extern gesucht werden soll.

Meine Stärken liegen also in der kompletten Begleitung des gesamten Transaktionsprozesses: Strukturierung des Transaktion, Ansprache möglicher Käufer, Due-Diligence-Begleitung, Vertragsverhandlungen.

Es gilt, den Unternehmer an die Hand zu nehmen und ihn umfassend mit meinem Know-how, meiner Erfahrung und meinem Netzwerk in allen Bereichen des Übergabe- bzw. Verkaufsprozesses zu unterstützen. Dabei bringe ich eine zehnjährige Berufserfahrung mit der Abwicklung diverser Transaktionsprojekte sowohl während meiner Zeit bei führenden Steuerberatungs- und Wirtschaftsprüfungskanzleien (als Leiterin des M&A-Bereiches, sprich des Transaktionsbereiches) als auch bei einer internationalen Investmentbank mit. Ich war beispielsweise auch tätig bei Österreichs größten Insolvenzen, wie der Alpine Bau und A-TEC Industries und habe deren Masseverwalter beim Verkauf diverser Tochter- und Beteiligungsgesellschaften im In- und Ausland unterstützt.

Ich habe also wirklich sehr viele Facetten, Emotionen und zu lösende Thematiken im Bereich des Unternehmensverkaufs und der Nachfolge gesehen.

Diesen Mehrwert kann ich bieten und dem Unternehmer sagen: „Mit mir können Sie getrost in die Zukunft einer Unternehmensübergabe schreiten, ich werde Sie von Anfang bis Ende begleiten und unterstützen, mit Ihnen gemeinsam den Kaufpreis maximieren und diese Unternehmensübergabe so gestalten, dass Sie danach glücklich sind."

GMEINER: Nehmen wir an, ich bin Unternehmer, 50 oder 55 Jahre alt und habe keinen Nachfolger in der Familie. Wie läuft das konkret ab?

Ich könnte Sie anrufen und sagen: Bitte kommen Sie zu einem Termin, wir reden in Ruhe. Ich sage Ihnen, wie meine Zukunftspläne aussehen, präsentiere Ihnen meine Firma, und Sie beraten mich hinsichtlich dessen, was a) bei einer Übergabe auf mich zukommt, b) was mein Unternehmen wert ist, c) wie die Abfolge ist von dem, was wir beide gemeinsam tun müssen.

NÖHRER: Ja, grundsätzlich läuft der Erstkontakt so ab – allerdings werden nicht alle Themen, die Sie gerade angesprochen haben, in der entsprechend notwendigen Tiefe beim Erstgespräch abgeklärt. Es geht vielmehr darum, die Wünsche oder die Zukunftsvorstellungen des Unternehmers zu verstehen und ihm Möglichkeiten aufzuzeigen, wie und wo ich ihn beim Umsetzen unterstützen kann. Dieses Erstgespräch dauert ca. 2 Stunden.

GMEINER: Wie geht es weiter? Ein Übergabe- oder Verkaufsprozess ist ein verdammt langer Weg und dauert etwa ein Jahr oder auch mehr. Sind Sie über den gesamten Zeitraum jeden Monat im Unternehmen mit dabei? Oder wie kann ich mir das praktisch vorstellen?

NÖHRER: Nach dem Erstgespräch wird abgeklärt, ob man gemeinsam weiterarbeiten möchte und wie das passieren kann. Jeder Unternehmer, jedes Unternehmen und jede Situation ist anders – ich passe den weiteren Verlauf und Umfang der gemeinsamen Zusammenarbeit immer an die Bedürfnisse meines Kunden an. Wenn ich den Weg der Übergabe an einen externen Nachfolger mit meinem Kunden gehen soll, wird gemeinsam analysiert, ob gleich mit dem Verkauf gestartet werden kann oder ob wir davor noch ein paar Aktionen in Richtung Übergabefitness setzen müssen.

Oder der Unternehmer sagt nach dem Erstgespräch: „Danke, Frau Nöhrer, jetzt habe ich eine bessere Vorstellung zum Thema Nachfolge und den notwendigen Schritten, ich wollte mich nur mal informieren. Jetzt weiß ich, dass ich meine Hausaufgaben machen oder eine bessere Marktlage abwarten sollte. Darf ich mich in zwei bis drei Jahren wieder bei Ihnen melden?" Das ist völlig in Ordnung, nicht jedes Erstgespräch führt zu sofortiger Zusammenarbeit.

Wenn es zu einer Zusammenarbeit kommt und das Unternehmen ist bereits gut „organisiert" bzw. auch die aktuelle Situation am Markt und innerhalb der Branche stimmt, dann kann mit dem Verkaufsprozess rasch begonnen werden – ich würde dafür minimal 6 Monate, maximal 18 Monate an Abwicklungszeit kalkulieren. Ein längerer Zeitraum kann notwendig sein, wenn noch viele Themen offen sind und das Unternehmen nicht übergabefit ist bzw. daher nur ein unzureichend hoher Verkaufserlös erzielt werden kann ODER am Markt werden generell gerade keine hohen Bewertungen bezahlt, auch hier sollte man auf einen besseren Zyklus warten!

Offene „Baustellen" können dabei z.B. sein: Organisationsentwicklung (Platzieren von Bereichsleitern – „Loslösen" des Tagesgeschäfts vom geschäftsführenden Gesellschafter), Aufsetzen eines Controlling-Systems, Ankurbeln der Vertriebsaktivitäten, neue Geschäftsmodelle, etc. Diese offenen Baustellen sollten zuerst behoben werden und wenn auch das Marktumfeld passt, sollte mit dem eigentlichen Verkaufsprozess begonnen werden.

Es macht also wirklich Sinn, sich frühzeitig dem Thema Nachfolge zu widmen und den RICHTIGEN ZEITPUNKT des Verkaufes auch abwarten zu können. Schlimm ist es für mich immer wieder zu erleben, wenn Unternehmer gezwungen sind aus einer ungünstigen Position heraus verkaufen zu müssen und für ihr Lebenswerk keine adäquate Gegenleistung bekommen.

GMEINER: Wie sehr sind Sie in die „Vorbereitungsarbeiten", sprich dieses „Übergabefit-machen", bis zum eigentlichen Verkaufsprozess involviert und was kostet das?

NÖHRER: Das ist unterschiedlich. Üblich ist für Vorbereitungsarbeiten bis zum Start des Transaktionsprozesses eine Tagespauschale oder Stundenhonorare. Gerade für diese Tätigkeiten kann es auch Sinn machen, mich als Interims-managerin zusätzlich zur Geschäftsführung ins Unternehmen zu holen, damit diese Arbeiten rascher erledigt werden können. Als Interimsmanager hat man auch mehr Akzeptanz von Seiten der Mitarbeiter.

Nicht alles erledige ich selbst, gerade für umfangreiche Vorbereitungs-arbeiten, etwa im Zusammenhang mit dem Schärfen des Vertriebs, Themen rund um Marketing oder dem Aufsetzen von Controlling-Systemen, welche mehrere Monate dauern, hole ich mir gerne Experten-Kollegen mit ins Boot, damit der Kunde optimal betreut werden kann und die Ergebnisse schlagen sich auch wieder in einem entsprechend hohen Verkaufserlös nieder!

GMEINER: Den Übergabeprozess an einen externen Nachfolger kann ich also als Projekt definieren? Reichen dafür die vorhin angesprochenen maximalen 18 Monate aus?

NÖHRER: Ja, mit 18 Monaten ist man rein für den Verkaufsprozess auf der sicheren Seite, bestenfalls dauert dieser Prozess 6 bis 8 Monate, abhängig von vielen Faktoren! Im österreichischen Mittelstand ist es leider in den seltensten Fällen so, dass man tatsächlich die optimalen 12 Monate bzw. bestenfalls sogar ein paar Monate mehr für den Aufbau der Übergabefitness zur Verfügung hat. Dieses Bewusstsein fehlt großteils noch immer in Österreich.

GMEINER: Heißt das, die Unternehmer beginnen den Übergabeprozess erst in letzter Minute?

NÖHRER: Ja. In der Realität ist passiert es (häufiger als man glaubt), dass die Leute zu mir kommen und sagen: „Frau Nöhrer, ich möchte mein Unternehmen verkaufen. Am besten so schnell wie möglich, denn in drei Monaten gehe ich in Pension."

Bei etwa der Hälfte der Fälle sehe ich, dass noch Dinge verbessert werden müssen und sich der Verkauf nach hinten verschieben sollte. In dem Fall muss ich die Unternehmer sensibilisieren und auf Themen aufmerksam machen, die man verbessern sollte, und fragen: „Können wir uns ein halbes Jahr länger Zeit nehmen? Sind Sie bereit, noch ein paar Monate länger im Unternehmen zu bleiben, vielleicht auch noch nach dem erfolgten Verkauf?" Wenn ich eine positive Antwort bekomme, dann wird die Prozessplanung entsprechend angepasst.

Wichtig ist, bei der Konzepterarbeitung sorgfältig zu arbeiten (Stichwort „richtige Angaben zu machen") und sowohl im Laufe des Vorbereitungs- aber auch des tatsächlichen Transaktionsprozesses Feedbackschleifen einzurichten, bei denen besprochen wird, was umgesetzt wurde und wo man nachjustieren muss. Die gesamten Informationen laufen bei mir als Beraterin zusammen, ich koordiniere den gesamten Prozess und alle Parteien, fungiere als Mediator und stehe während der gesamten Transaktion für alle Fragen zur Verfügung. Und man darf nie vergessen: Je besser der Verkauf vorbereitet wird, desto höher steigt der Wert Ihres Lebenswerks!

Grundsätzlich ist noch zu sagen, dass es grob zwei Varianten der Unternehmensübergabe gibt: entweder intern oder extern. Familieninterne Übergabe bedeutet, dass das Unternehmen an eigene Kinder oder weitere aus der Familie oder Verwandtschaft stammende Personen übergeben wird. Externe Übergabe bedeutet, dass entweder Mitarbeiter den Betrieb übernehmen, in der Regel sind das Personen aus dem Management, CEO, CFO, oder dass extern an komplett fremde Parteien, entweder strategische Käufer oder Finanzkäufer (auch Finanzinvestoren, Private-Equity-Geber oder Industrieholdings genannt), übergeben wird.

Schon gewusst? Es gibt 2 Varianten der Unternehmensübergabe:

1. *interne Übergabe:*
   a) familienintern an eigene Kinder oder andere Familienmitglieder

2. *externe Übergabe:*
   a) firmenintern an Mitarbeiter, meist Personen aus dem Management
   b) an strategische Käufer
   c) an Finanzinvestoren

Bei beiden Varianten kommt es neben der emotionalen Komponente des Übergebens und Loslassen-könnens auch auf die finanziellen Möglichkeiten der Übernehmer an! Gerade die familieninterne Übergabe stößt hier auf ein heikles Thema, welches mit Hilfe eines erfahrenen Transaktionsberaters gelöst werden kann!

Sie möchten mehr über mich und meine Arbeit erfahren und wie ich Sie optimal bei Ihrem Nachfolgeprojekt unterstützen kann?

Kontaktieren Sie mich für ein vertrauliches Erstgespräch!

dn@panthera.co.at, www.panthera.co.at

Weitere Tipps und regelmäßige Updates zu diesem Buch erhalten Sie auf der Homepage unter
www.erfolgreiche-unternehmensnachfolge.com
Ihre Beratungs-Gutscheine im Wert von 2 x 500 Euro liegen bereit!

Gebot 1

Du sollst Dir bewusst werden, wohin die Reise nach der Übergabe geht

„Nur wer sein Ziel kennt, findet den Weg."
(Laotse)

Was will der Unternehmer – Geld oder Liebe?

GMEINER: Mit welcher Überlegung beginnt man seine Unternehmensübergabe?

NÖHRER: Auf Basis jahrelanger Erfahrung kann ich sagen, dass es beim Thema Nachfolge auf eine essentielle Frage ankommt, die man möglichst frühzeitig beantworten sollte, bevor man mit der Firmenübergabe beginnt: „Geld oder Liebe" – Was will ich?

GMEINER: Geld oder Liebe – was bedeutet das im Kontext der Unternehmensnachfolge?

NÖHRER: Es ist zugegeben eine etwas überspitzte Formulierung, aber im Endeffekt muss man sich überlegen: Will ich den höchst zu erzielenden Verkaufspreis? Was mit meinem Unternehmen und den Mitarbeitern geschieht ist mir dabei egal. Oder will ich, dass mein Unternehmen in meinem Sinn weitergeführt wird, die Arbeitsplätze der Mitarbeiter erhalten bleiben, eventuell Familienmitglieder im Unternehmen beschäftigt bleiben können oder ich sogar noch in der einen oder anderen Form mit meiner Erfahrung dienen kann? Dafür muss ich mich aber mit einem niedrigeren oder auf Jahre aufgeteilten Verkaufspreis (Risiko!) anfreunden.

NÖRÖ-TIPP

Überlegen Sie frühzeitig und in Ruhe: Will ich Geld oder Liebe, wenn ich mein Unternehmen übergebe?

Was macht mich glücklich?

Will ich für mein Lebenswerk so viel Geld wie möglich haben, ohne Rücksicht auf Verluste, oder will ich nach der Übergabe immer noch von meinen Mitarbeitern gemocht und geliebt werden, will ich als „der Gute" aus dem Übergabeprozess herauskommen?

GMEINER: Welche Unternehmer wollen Geld, welche wollen Liebe? Betrachten wir die familieninterne Übergabe: Zählt hier Geld oder Liebe?

NÖHRER: Wenn es wirklich nahestehende Personen sind, am häufigsten sind es die Kinder, dann steht das Thema Liebe im Vordergrund.

Der Unternehmer wünscht sich meistens Folgendes: „Ich möchte, dass meine Kinder in meine Fußstapfen treten! Ich möchte, dass sie damit glücklich werden! Ich möchte auf sie stolz sein! Das Geld, das ich für mein Lebenswerk möglicherweise bekomme, ist für mich dabei nachrangig."

Im besten Fall hat der Unternehmer schon vorher vorgesorgt und hat genug Geld, sodass er sich keine Sorgen mehr machen muss. Es ist nicht wichtig, ob er aus der Unternehmensübergabe genug Geld für die Pension herausziehen kann. Er möchte, dass auch die Mitarbeiter glücklich sind und in seinem Sinne weiter beschäftigt werden.

GMEINER: Wie sieht es mit Geld oder Liebe bei der Übergabe an Mitarbeiter aus?

NÖHRER: Wenn angestellte Manager das Unternehmen ihres bisherigen Arbeitgebers übernehmen, spricht man von Management-Buy-out (MBO)[4].

Schon gewusst? *Ein Management-Buy-out (MBO) bezeichnet den Erwerb eines Unternehmens durch das bisherige Management. In der Praxis wird ein MBO oftmals parallel zum Verkaufsprozess verhandelt und mit den Angeboten strategischer Bieter verglichen. Von Management-Buy-in (MBI) spricht man, wenn ein Unternehmen von einem externen Käufer übernommen wird.*

NÖHRER: Ab ca. 10 Millionen Euro Umsatz macht es meistens vom Arbeitsaufwand aus betrachtet Sinn, sich einen zweiten Geschäftsführer in die Firma zu holen. Themen wie Finanzen, Vertriebsaktivitäten, Marketing, Personal usw. können je nach Fähigkeiten besser auf zwei Führungskräfte aufgeteilt werden und so der berühmte „Bottleneck", also der Engpass an zeitlichen Ressourcen in der Firma vermieden werden.

Wenn dieser zweite (meist von extern kommende) Geschäftsführer das gut macht und dieser und der Unternehmer längst vereinbart haben, dass er der Nachfolger sein könnte, weil die Kinder den Betrieb nicht wollen oder keine Kinder vorhanden sind, dann sehe ich eine Mischform aus Geld und Liebe. Der Unternehmer will zwar einen gewissen Kaufpreis für sein Unternehmen haben, aber auch, dass dieses in seinem Sinne weiter geführt wird bzw. für die Mitarbeiter keine Unsicherheiten entstehen und dies ist bei dieser Variante wahrscheinlich. Trotzdem ist das nicht die einfachste Variante der Übergabe und sollte mit entsprechender externer Unterstützung geplant werden.

---

[4] Vgl. Axel Maack / Markus Schmuttermaier: Management-Buy-out - Setzt sich der Kronprinz durch?, WiM - Wirtschaft in Mittelfranken, Ausgabe 08/2011, Seite 22

Schon gewusst? *Speziell beim Management-Buy-out treten mit hoher Wahrscheinlichkeit Konflikte hinsichtlich des Verkaufspreises und möglicherweise auch hinsichtlich der künftigen Ausrichtung des Unternehmens auf. Angesichts der Treuepflichten des Managements gegenüber dem Gesellschafter kann dies zu Loyalitätskonflikten führen. Um hier einen angemessenen Interessenausgleich zu erzielen und das Tagesgeschäft in der operativen Unternehmensführung nicht zu vernachlässigen, sollte frühzeitig ein erfahrener Berater hinzugezogen werden, der auf Firmenverkäufe spezialisiert ist und möglichst auch Erfahrungen im Private-Equity-Geschäft mitbringt, da das Management oft nur mit Unterstützung eines weiteren Geldgebers diesen MBO stemmen kann (aber davon unten mehr).*

GMEINER: Wie steht es um Geld oder Liebe bei der externen Übergabe an strategische Käufer bzw. Finanzinvestoren?

NÖHRER: Die erste Möglichkeit ist, dass ich mein Unternehmen an einen Strategen verkaufe, das heißt, dieser ist bestenfalls in der gleichen oder einer ähnlichen Branche wie ich tätig.

Ein Stratege kann unterschiedliche Motive für den Kauf eines weiteren Unternehmens haben. Er möchte sich einfach geografisch ausweiten, vielleicht mehr Produktionskapazitäten schaffen, einen Kundenstock zukaufen, sich einen neuen Standort und Ähnliches organisieren oder Know-how, Mitarbeiter, Kundenbeziehungen, Lieferantenbeziehungen etc. kaufen. Mit ihm kann ich entsprechend gut verhandeln. Er kennt normalerweise den Wert meines Unternehmens sehr gut, denn er kennt die Branche und das Geschäft. Mit einem strategischen Kaufinteressenten verhandelt man meistens auf Augenhöhe und spricht „die gleiche Sprache".

Dabei ist wichtig zu wissen, dass der Stratege Synergien heben möchte. Das kann in die Verhandlungen über den Kaufpreis positiv für den Unternehmensverkäufer hineinspielen. Man kann konkret beziffern, was sich der Übernehmer durch die Synergien in bestimmten Bereichen erspart, es gibt beispielsweise Skaleneffekte, wodurch sich der Verkaufspreis entsprechend erhöhen kann. Hier tritt das „Geld" bereits mehr in den Vordergrund als die „Liebe".

GMEINER: Viele Unternehmer denken: „Oh mein Gott, ich kann die Firma nur an meinen direkten Mitbewerber oder meinen Konkurrenten verkaufen!" Ist diese Sorge gerechtfertigt?

NÖHRER: Da sage ich ganz klar: Nein. Diese Sorge ist völlig unbegründet. Gerade in diesem Bereich sehe ich als Beraterin meine Aufklärungsfunktion, denn es gibt nicht nur diese direkten Mitbewerber, an die man verkaufen kann, sondern es gibt viel mehr Möglichkeiten. Obwohl ich anmerken möchte, dass auch der Verkauf an den direkten Mitbewerber, mit entsprechender Unterstützung, eine gute Variante sein kann, meist sogar die gewinnbringendste monetär betrachtet. Daher meine Empfehlung: Wenden Sie sich an einen professionellen Transaktionsberater, denn dieser kann in der DACH-Region oder auch europaweit Optionen und damit DEN richtigen Käufer für Ihr Unternehmen finden.

Schon gewusst? Bei der externen Unternehmensübergabe gibt es v.a.:

1. *Strategische Käufer:*
   a) *Unternehmen, die in der gleichen oder ähnlichen Branche tätig sind und ihr Geschäft ausweiten bzw. Synergien heben möchten*

2. *Finanzinvestoren:*
   a) *Private Equity – kauft das Unternehmen und verkauft es nach etwa drei bis fünf Jahren möglichst gewinnbringend wieder*
   b) *Industrieholding / Family Office – kauft das Unternehmen, um das eigene Portfolio zu erweitern und das Unternehmen erfolgreich weiter zu betreiben*

GMEINER: Wie sieht der Verkauf an einen Finanzinvestor aus?

NÖHRER: Ich finde es gut, wenn man sich mit diesem Thema beschäftigt, denn ein Finanzinvestor, eben oft auch gerne Private-Equity-Investor genannt, muss nicht unbedingt jemand sein, der das Unternehmen an sich reißt, alles ausweidet und es nach drei bis fünf Jahren weiterverkauft. Das kann natürlich durchaus eine gängige Taktik von Private Equitys sein, was ihnen auch die Bezeichnung „Heuschrecken" eingebracht hat. Aber mit einem guten Transaktionsberater an seiner Seite kann ein Übergeber auch einen optimal zu ihm passenden Finanzinvestor finden.

Gerade in Österreich oder auch in der restlichen DACH-Region haben wir solide Industrieholdings und Family Offices (verwalten das Geld von vermögenden Unternehmerfamilien, welche sich langfristig an anderen Unternehmen beteiligen), welche sich über sogenannte Evergreen-Fonds an KMU beteiligen bzw. sogar 100 % der Anteile übernehmen, behalten bzw. dieses auf unbestimmte Zeit weiterentwickeln. Bei dieser Variante ist es so, dass auch die Mitarbeiter ganz gut aufgehoben sind. Denn wenn etwas gut läuft und jemand seine Sache gut macht, wird das auch beibehalten werden, nach dem Motto: Never change a running system.

Bei „üblichen" Private Equitys (PE) hingegen kommt es in der Regel vor, dass wirklich radikal gekürzt wird, denn nach drei bis fünf Jahren soll das Unternehmen wieder gewinnbringend weiterverkauft werden. Hier geht es einfach nur ums „Geld". PEs agieren unter einem ganz anderen Druck und greifen entsprechend ins Unternehmen ein.

Seit einigen Jahren gibt es zusätzlich eine ganz „spezielle" Sonderform, wenn man das so nennen will, und zwar den chinesischen Käufer (hier sind Finanzinvestoren und Strategen bunt gemischt).

Das betrifft weniger den Dienstleistungsbereich, sondern Unternehmen, die etwas produzieren, die spezielles Know-how haben, wo technologische Themen eine Rolle spielen. Wenn ein solcher Unternehmer sagt, dass es ihm völlig egal ist, was mit seinem Unternehmen nach der Übergabe passiert, weil er nur den höchst möglichen Preis erzielen will, dann ist es eine gute Option, Käufer auf dem chinesischen Markt zu suchen.

Die Preise, die dort bezahlt werden, sind losgelöst von jeglichen vernünftigen Überlegungen oder am Markt üblich bezahlten Preisen. Diese Käufergruppe möchte einfach die Technologie oder das Know-how haben und bezahlt dafür das Zwei- bis Zehnfache von dem, was realistischerweise von einem anderen Käufer geboten würde.

Diese Möglichkeit existiert also auch. Aber wie schon angedeutet, darf man in diesem Fall weder am Namen des Unternehmens (oder besser gesagt seinem Lebenswerk) hängen, noch darf einen das Schicksal der Mitarbeiter berühren. Auch die Verhandlungen sind etwas komplizierter (man benötigt einen Dolmetscher, hat mit unterschiedlichen Kulturen beim Verhandeln zu tun und dadurch dauert es in der Regel immer länger, bis der „Deal" über die Bühne gegangen ist). Durch sehr gute Verbindungen in den chinesischen Raum kann ich relativ rasch über das Netzwerk vor Ort mögliche Käufer-optionen identifizieren.

Am meisten Geld erzielt man sicher bei einem Geschäftsabschluss mit chine-sischen Investoren. Übrigens zahlen Private Equitys meist etwas weniger als Strategen, weil sie ihre eigenen Transaktionskosten und die Kosten für das Weiterentwickeln des Unternehmens vor dem Weiterverkauf mit einrechnen. Private Equitys möchten einen soliden Gewinn haben. Das ist beim Strategen nicht so, denn diese Interessentenkategorie sieht auch diverse andere Vor-teile. Am wenigsten Geld ist von einer familieninternen Übergabe bzw. am zweitwenigsten von jener an das Management zu erwarten.

Grob eingeteilt gibt es VIER verschiedene Käuferoptionen:

Der Mitbewerber:
- *Unterscheidung **direkter** Mitbewerber (selbe Dienstleistung oder selbes Produkt) bzw. **indirekter** Mitbewerber (vor- oder nachgelagerte Position in der Wertschöpfungskette)*
- *Motive aus Sicht des Mitbewerbers: **Synergien** (will meine Kunden & Mitarbeiter, geografische Ausweitung, Produktionskapazitäten, technisches oder strategisches Wissen zukaufen, will mich vom Markt haben ...)*
- ***Kaufpreis:** tendenziell hoch (beim direkten höher als beim indirekten)*
- ***Alteigentümer:** meist sehr emotionales Thema (man hat keinen Einfluss mehr auf die Zukunft seines ehemaligen Unternehmens) -> geeignet, wenn man damit kein Problem hat und das „Geld stimmen" soll*

Der Chinese:
- *China kauft seit einigen Jahren sehr stark in Europa und auch in Österreich ein, Tendenz steigend -> es geht v.a. um produzierende Unternehmen, Motiv: China will an die **Technologie** ran*
- ***Kaufpreis:** der höchst zu erzielende, aber sehr langwierige & kostenintensive Verhandlungen (i.d.R. nicht ohne Berater und Dolmetscher möglich)*
- ***Alteigentümer:** hat keinen Einfluss mehr auf die Zukunft seines ehemaligen Unternehmens*

Der Finanzinvestor:
- *Private-Equity-Firmen (verschieden ausgeprägt) oder Industrieholdings (wovon wir in Österreich sehr gute und damit auch tolle Möglichkeiten für die Nachfolge haben)*
- ***Kaufpreis:** es wird hart bewertet und am Limit bezahlt, nur die Zahlen zählen (Synergien fehlen meist)*
- ***Alteigentümer:** Möglichkeit der Reinvestition des Verkaufspreises in die Beteiligungs-Holding / Beiratsposition / Industrieexperte*

Der Bekannte:
- *Nachfolger aus der **Verwandtschaft**, aus dem **Freundeskreis** („MBI") oder innerhalb der **Mitarbeiter** („MBO") – offene Kommunikation und Abklären möglichen Interesses zu einem frühen Zeitpunkt sind hier hilfreich*
- ***Kaufpreis:** tendenziell der niedrigste – kann oft nur über Jahre abgestottert werden bzw. hängen die Kaufpreiszahlungen vom Engagement des Übernehmers bzw. damit vom zukünftigen Ertrag des Unternehmers ab (Risiko!)*
- ***Alteigentümer:** Möglichkeit z.B. einer Beiratsposition*

GMEINER: Gibt es eine Idealvariante für einen Unternehmer?

NÖHRER: Nein. Jedes Nachfolgeprojekt ist anders und individuell ausgestaltet und hängt stark von der aktuellen Situation ab, in welcher sich sowohl das Unternehmen selbst aber auch der Markt (Branche und Wirtschaftslage) befindet. Und natürlich davon, was sich der Unternehmer für sein Lebenswerk und seine private Zukunft wünscht!

Überlegen Sie in Ruhe alle Optionen für eine Unternehmensnachfolge!

Welcher Käufer passt am besten zu Ihrem Unternehmen und zu Ihren Wünschen? Ein Mitarbeiter, Mitbewerber, Bekannter, ein nationaler oder internationaler Finanzinvestor oder strategischer Käufer?

Unternehmen verkauft – was mache ich jetzt?

GMEINER: Gehen wir davon aus, dass ich mein Unternehmen verkauft habe. Wo kann die Reise jetzt hingehen? Was sollte man sich als Unternehmer wann überlegen?

NÖHRER: Das „Wo geht die Reise nach der Übergabe oder dem Verkauf meines Unternehmens hin?" sollte man sich als erstes überlegen und das weitere Vorgehen daran anpassen! Ich habe es schon mehrmals erlebt, dass die Alteigentümer nach der Übergabe in ein tiefes Loch fallen, weil sie sich nicht frühzeitig überlegt haben: Was macht mich denn überhaupt glücklich im Leben? Was möchte ich noch alles erleben?

Nach der Unternehmensübergabe werden diese Fragen relevant, ob man sich darauf vorbereitet hat oder nicht. Mein Unternehmerdasein liegt hinter mir, was jetzt? Will ich einem Hobby frönen, einer Sammelleidenschaft nachgehen, die Welt bereisen, wieder mehr Zeit mit meiner Familie verbringen und mit meinen Enkeln nachholen, was ich mit meinen Kindern vielleicht versäumt habe ... die privaten Themen sind jedenfalls zu klären.

Beantworten Sie die Fragen auf der folgenden Seite – am besten halten Sie die Antworten schriftlich fest.

Was tun nach der Unternehmensübergabe?

Auf die folgenden Fragen sollten Sie Ihre persönlichen Antworten kennen:

- *Welche Wünsche und Ziele habe ich? Was wollte ich schon immer tun, finde aber nie die Zeit dafür? Möchte ich etwas Neues lernen?*
- *Auch nach der Übergabe brauche ich körperliche und geistige Herausforderungen: Was passt zu mir? (z.B. Hobby, Reisen, Kultur, Sprache, Leute treffen, etc.)*
- *Was ist mir wichtig? Was möchte ich nach der Übergabe gerne tun? Wo möchte ich mich aktiv engagieren, weil es mir Befriedigung verschafft?*
- *Welche Bedürfnisse sind mir wichtig? (z.B. Anerkennung, Wertschätzung, Austausch mit anderen, Wissen weitergeben, etc.) Wie will und kann ich diese Bedürfnisse berücksichtigen?*
- *Welche Wünsche und Ziele habe ich in Bezug auf Partnerschaft sowie Familie?*
- *Wie will ich leben? Wie möchte ich meinen Alltag gestalten, sowohl individuell als auch gemeinsam mit meinem Partner bzw. meiner Partnerin sowie mit meiner Familie?*
- *Möchte ich etwas nachholen, was ich verpasst habe? Möchte ich Neues entdecken und ausleben?*
- *Wo will ich leben? Bleibe ich in meinem Haus oder meiner Wohnung? Oder ist es Zeit für einen Umzug? Möchte ich einen anderen Wohnort? Oder will ich vielleicht im Ausland wohnen?*
- *Wie sieht mein Beziehungsnetz nach der Übergabe aus? Wie ersetze ich die durch den Beruf bedingten Kontakte und Beziehungen, die nach der Übergabe verloren gehen?*
- *Wie sieht mein Freundeskreis aus? Möchte ich nach der Übergabe den Kontakt zu Freunden intensivieren oder neue Kontakte knüpfen?*
- *Möchte ich meine Fähigkeiten und Kenntnisse weiterhin einsetzen? (z.B. ehrenamtliche Tätigkeit, privat als Hobby, beruflich als Business Angel, etc.)*
- *Was mache ich heute konkret für meine Gesundheit und welche Möglichkeiten sehe ich nach der Übergabe?*
- *Wie verhalte ich mich in Bezug auf Ernährung, Bewegung und Entspannung? Möchte ich in diesen Bereichen etwas verändern?*

Die 5 wichtigsten Säulen für ein glückliches Leben sind übrigens: 1. sinnvolle Beschäftigung, 2. materielle Sicherheit, 3. Lebenssinn und Werte, 4. Beziehungen und Freundeskreis, 5. körperliches und seelisches Wohlbefinden.

NÖHRER: Auch beruflich gesehen ist die Übergabe keine Einbahn. So kann ein Alteigentümer seine Erfahrung in Form einer Beirats- oder Aufsichtsratsfunktion entweder in sein ehemaliges oder in fremde Unternehmen einbringen. Vielleicht will man auch noch einmal ein Unternehmen gründen oder in Start-Ups investieren. Nach dem Verkauf stehen dem Alteigentümer in der Regel Geld, Zeit, Erfahrung und meist sein sehr gutes Netzwerk zur Verfügung. Damit hat er die besten Chancen, erfolgreicher Business Angel zu werden.

Schon gewusst? *Business Angels unterstützen Jungunternehmer und Start-Ups bei der Umsetzung ihrer Ideen und Vorhaben mit Know-how und Kapital. Sie stellen ihre langjährige Management-Erfahrung und ihre guten Kontakte zur Verfügung und fungieren als eine Art Mentor und Mäzen für Existenzgründer.*

NÖHRER: Business Angels sind derzeit am Markt heiß begehrt. Ich kenne viele, die nach ihrer erfolgreichen Unternehmensübergabe jungen Unternehmern mit Begeisterung unter die Arme greifen und ihnen helfen, ihre Produkte auf den Markt zu bringen. Ich denke, als Business Angel tätig zu werden ist eine Sache, die für viele Unternehmer, die ihren Betrieb verkaufen, eine schöne Option sein kann.

Wenn ich mein Unternehmen an einen Finanzinvestor, beispielsweise an ein Private-Equity-Haus, verkaufe, gibt es die Möglichkeit, einen Teil meiner Anteile gegen Anteile der Private-Equity-Gesellschaft zu tauschen. Dann halte ich dort zum Beispiel 3 % an der PE-Gesellschaft und arbeite im Gegenzug als Industrieexperte für diese Branche mit. Ich unterstütze mit meinem Branchenwissen mögliche weitere Zukäufe und indirekt habe ich so auch noch die Möglichkeit mitzuverfolgen, wie mein Lebenswerk wächst (dieses weitere Zukaufen wird „Buy-and-build-Strategie" genannt). Das kann man natürlich auch als Konsulent machen, man muss nicht unbedingt Anteile dafür erwerben.

Falls man im eigenen Unternehmen weiterhin verankert bleiben möchte, dann kann man das als Beirat oder Aufsichtsrat tun. Es gibt also auch die Möglichkeit, nach der Übergabe in seinem Unternehmen aktiv zu sein. Die Tätigkeit als Beirat oder Aufsichtsrat kann eine Chance sein, wenn man für Neues offen ist, aber das Tagesgeschäft nicht mehr mitgestalten will.

Allerdings wurde auch statistisch erhoben und nachgewiesen, dass diese Variante nach der Unternehmensübergabe das größte Konfliktpotential mit sich bringt – die Nachfolger haben es oft besonders schwer, ihren eigenen Führungsstil durchzusetzen und die Mitarbeiter für sich zu gewinnen. Gerade das Loslassen des Alteigentümers findet einfach oft nicht statt und das Einmischen ins Tagesgeschäft durch selbigen wird zum heiklen Thema. Wenn also jemand als Aufsichtsrat oder Beirat weiterhin tätig bleibt, muss es ganz klare Vereinbarungen geben, welche Aufgaben man hat und wo man sich nicht mehr einmischen darf.

GMEINER: Das heißt, dass nicht nur der Übergeber überlegen muss, wohin die Reise nach der Übergabe gehen soll, sondern auch der Nachfolger, richtig?

NÖHRER: Ja. Auch der Nachfolger muss unbedingt für sich klären, ob er den ehemaligen Inhaber weiterhin im Unternehmen haben möchte oder nicht.

Die Funktion als Beirat ist oft bei familieninternen Übergaben ein Thema, aber auch bei Übergaben an das Management. Bei sonstigen externen Nachfolgen kommt das eher selten vor.

Sie möchten mit mir gemeinsam erarbeiten, wohin Ihre Reise nach der Übergabe geht?
Kontaktieren Sie mich für ein vertrauliches Erstgespräch!
dn@panthera.co.at, www.panthera.co.at

Gebot 2

Du sollst frühzeitig beginnen und den richtigen Zeitpunkt wählen

*„Der eine wartet, dass die Zeit sich wandelt,
der andere packt sie an und handelt."
(Dante Alighieri)*

Wann sollte man mit dem Übergabeprozess beginnen?

GMEINER: Die Unternehmensübergabe ist in der Regel ans Pensionsalter geknüpft – wann sollte man mit dem Nachfolgeprozess beginnen?

NÖHRER: Vielleicht gibt es zum Zeitpunkt des Pensionsalters gerade eine miese Marktlage und es wäre besser zu warten oder es wäre besser gewesen, man hätte schon viel früher damit gestartet. Wenn die Unternehmensbewertungen niedrig sind und die Marktlage unsicher ist, bekommt man nicht das für sein Unternehmen, was man eigentlich bekommen sollte. Daher ist es gut, zeitlichen Spielraum zu haben.

Immer mehr Unternehmer um die 50 beginnen bereits, über eine Unternehmensnachfolge nachzudenken – auch wenn sie noch stark in der Minderheit sind. Sie wissen noch nicht, wann sie die Übergabe durchführen wollen, aber sie bereiten sich frühzeitig darauf vor.

Wie ist die Marktlage? Wie sieht es in der eigenen Branche aus? Welche Rahmenbedingungen beeinflussen eine Übergabe oder den Unternehmensverkauf positiv? Diese Fragen sollten in Ruhe überlegt werden. Ein zeitlicher Spielraum von mehreren Jahren kann beim Unternehmenswert immense Vorteile bringen, denn so hat man auch wirklich genug Zeit, um auf den RICHTIGEN Zeitpunkt zu warten.

Abgesehen vom Marktumfeld ist es auch wichtig, in welcher Entwicklungsphase sich das Unternehmen, bezogen auf seinen Lebenszyklus, befindet. Eine Unternehmensübergabe sollte sich nicht nach dem Alter des Unternehmers richten, sondern nach der Entwicklungsphase des Unternehmens.

Ich erlebe – langsam aber sicher – immer öfter, dass geschäftsführende Gesellschafter am Höhepunkt ihres Unternehmens wegen Verkaufsüberlegungen und den Optionen zu mir kommen. Genau zu diesem Zeitpunkt, wenn ihr Unternehmen einen zweiten Geschäftsführer benötigen würde oder sie generell die „Verantwortung" für eine gewisse Unternehmensgröße nicht mehr alleine tragen wollen. Genau hier erhält ein Unternehmer einen guten Preis für sein Unternehmen, hat damit schon die finanzielle Zukunftsabsicherung in trockene Tücher gebracht und bleibt meist als engagierter Geschäftsführer weiter im Unternehmen bzw. treibt dessen Wachstum – inklusive neuem Mehrheitseigentümer und bestenfalls starkem Partner – voran. Diese Unternehmer sind meist erst Mitte 40 ...

GMEINER: Was sind die Entwicklungsphasen im Lebenszyklus eines Unternehmens? Und warum sind sie für die Übergabe wichtig?

NÖHRER: Die Lebenszyklen eines Unternehmens sind Gründungsphase, Wachstumsphase, Reifephase, Schrumpfungsphase.

Im besten Fall startet man mit dem Übergabeprozess am Beginn der Reifephase, denn am Ende der Reifephase folgt in der Regel die Schrumpfungsphase. Wenn man bis zur Schrumpfungsphase mit der Übergabe wartet, dann endet das Unternehmen sehr oft in der Krise, in der Insolvenz und jedenfalls in großem Leid. Einmal mehr wird klar: Der Zeitpunkt einer Unternehmensübergabe ist nicht vom Lebensalter des Unternehmers abhängig, sondern – neben der aktuellen Marktlage – vom Lebenszyklus des Unternehmens.

NÖRÖ-TIPP

Der ideale Zeitpunkt für die Übergabe eines Unternehmens ist die Reifephase im Lebenszyklus des Unternehmens!

Warten Sie nicht bis zur Schrumpfungsphase! Wenn Sie zu lange mit der Übergabe warten, endet das meist mit Krise und Insolvenz.

GMEINER: Wenn Sie in ein Unternehmen kommen, können Sie erkennen, an welchem Punkt im Lebenszyklus das Unternehmen gerade steht?

NÖHRER: Das sieht man sehr gut an den Finanzzahlen eines Unternehmens. Sind diese rückläufig oder steigen sie? Eine Schrumpfungsphase kann man daran erkennen, dass der Umsatz zurückgeht, die Kosten immer mehr steigen und dadurch die Margen immer kleiner werden. In der Schrumpfungsphase bringt ein Unternehmensverkauf nicht mehr ansatzweise das, was sich der Inhaber wünscht. Viele Unternehmer übersehen leider den richtigen Zeitpunkt für die Übergabe.

> *Schon gewusst?* Der Zeitpunkt einer Unternehmensübergabe ist nicht vom Alter des Unternehmers abhängig, sondern vom Lebenszyklus des Unternehmens. Die Lebenszyklen eines Unternehmens sind: Gründungsphase, Wachstumsphase, Reifephase, Schrumpfungsphase.

GMEINER: Was mache ich, wenn sich mein Unternehmen in der Schrumpfungsphase befindet und ich übergeben möchte?

NÖHRER: Eine Möglichkeit ist, dass sich der Unternehmer mit einem geringen Verkaufspreis zufrieden gibt, welchen er für sein Unternehmen in der Schrumpfungsphase bekommen kann.

Wer sich erst in dieser Phase zu einem Unternehmensverkauf entschließt, wird oft enttäuscht, denn es kommt nicht selten vor, dass man gar keinen Käufer findet. Dann bleibt einem eigentlich nur noch die Schließung des Unternehmens und der Verkauf von allem, was man noch zu Geld machen kann, z.B. Immobilien, Maschinen, Lizenzen, Kundenstock, usw.

Eine andere Variante ist, noch einmal alle Kräfte zu mobilisieren und für sein Unternehmen zu kämpfen. Man gibt seinem Geschäftsmodell noch einmal neuen Schwung, nimmt Geld in die Hand, um Investitionen zu tätigen, und versucht, aus der Schrumpfungsphase noch einmal in die Reifephase zurückzukommen.

GMEINER: Wann sollte man also am besten mit den Überlegungen bzw. ersten Vorbereitungen für die Übergabe bzw. den Verkauf beginnen?

NÖHRER: Die Empfehlung lautet, zwei bis manchmal sogar fünf Jahre vorher zu beginnen. Das bedeutet nicht, dass der gesamte Übergabe- bzw. Verkaufsprozess so lange dauert, aber von der ersten Überlegung „Was macht mich glücklich? Was will ich noch erleben?" bis hin zu „Jetzt habe ich die Übergabe erfolgreich geschafft und starte in den neuen Lebensabschnitt!" liegt oft viel Zeit und Arbeit. Meist müssen vor dem eigentlichen Prozess die bereits kurz angesprochenen werterhöhenden Maßnahmen „angepackt" und ins Laufen gebracht werden – diese sind z.B. neue Geschäftsmodelle, eventuell der Zukauf strategisch sinnvoller Unternehmen (Beteiligung an Start-Ups als möglicher Innovationstreiber), eine Anpassung der Vertriebsstrategie an die aktuellen Kundenbedürfnisse und Marktgegebenheiten, etc. Und wie bereits erwähnt, ist es wichtig auch den optimalen Marktzyklus abwarten zu können (davon später noch etwas mehr).

GMEINER: Warum sollte man eigentlich so viel Zeit einplanen?

NÖHRER: Aus der Vergangenheit weiß ich, dass viele Unternehmer den Unternehmensverkauf zu spät oder schlecht vorbereitet angehen. Dabei kann ein wesentlicher Schaden für sie entstehen, der bei rechtzeitiger und professioneller Planung hätte vermieden werden können.

Warten Sie nicht bis zur letzten Minute – beginnen Sie zwei bis fünf Jahre vor einer geplanten Übergabe mit den ersten Überlegungen und sprechen Sie mit einem Experten über den IST-Zustand Ihres Unternehmens. Legen Sie darauf aufbauend Ihre optimale Zukunftsstrategie (inklusive Übergabeplan) fest!

GMEINER: Die zwei bis fünf Jahre Vorbereitungzeit sind für eine Übergabe an Externe sicher sinnvoll. Wie ist das bei interner Übergabe?

NÖHRER: Bei interner Übergabe machen zwei bis fünf Jahre Vorbereitungzeit ebenfalls Sinn, allerdings aus anderen Gründen. Bei familieninterner Übergabe kann man die Kinder frühzeitig ins Geschehen einbinden. Das heißt, man kann das gesamte Netzwerk, das zum erfolgreichen Laufen des Unternehmens gehört – die Lieferanten, die Kunden oder die Mitarbeiter – auf die Übergabe vorbereiten und den Nachfolger „mit dem notwendigen Fingerspitzengefühl und nachhaltig" vorstellen.

Überlege ich, jemanden aus der Familie oder von den Mitarbeitern als meinen Nachfolger zu installieren, dann sollte das idealerweise auch schon einige Jahre vor der tatsächlichen Übergabe erfolgen. So können alle Beteiligten in ihre Rollen hineinwachsen und es gehen bestenfalls keine Kunden verloren! Das Geschäftsmodell bekommt damit vielleicht auch schon etwas neuen Wind und alle können davon profitieren.

GMEINER: Grundsätzlich empfehlen Sie, zwei bis fünf Jahre vor der tatsächlichen Übergabe mit den Überlegungen zu starten. Wann brennt es wirklich? Wie viel Zeit braucht es mindestens?

NÖHRER: Die Betriebsübergabe innerhalb der Familie ist quasi von heute auf morgen geschehen – es werden alle notwendigen formalen und rechtlichen Änderungen vorgenommen und die Übergabe „am Papier" ist erledigt.

Die Dauer eines Unternehmensverkaufes, also der externen Nachfolge, ist von vielen Faktoren, welche oft weder vom Unternehmer noch vom externen Übernehmer beeinflusst werden können (Urlaubszeit, Vorhandensein von Kaufinteressenten, zeitgerechtes zur Verfügung stellen aller notwendigen Unterlagen durch den Verkäufer ...), abhängig.

Rechnen Sie im Durchschnitt mit einer Gesamtdauer von 8 bis 12 Monaten. In besonderen Einzelfällen ist sowohl ein schnellerer Verkauf möglich oder auch ein längerer Zeitraum für den positiven Abschluss eines Unternehmensverkaufs notwendig. Ist der Verkaufsprozess optimal geplant, kann man als Verkäufer ebenfalls von einem rascheren Verkaufsprozess ausgehen. Damit erhöht sich auch die Sicherheit, dass ein Verkauf überhaupt zustande kommt.

Ich hatte einmal einen Ersttermin mit einem Unternehmer, der mir Mitte Jänner im Erstgespräch gesagt hat: „Frau Nöhrer, ich habe mit Ende März meine Pension beantragt und bin dann weg. Sorgen Sie dafür, dass bis dahin meine Firma verkauft ist." Knappe drei Monate sind definitiv zu kurzfristig. Diese Zeit reicht nicht mal aus, um einen passenden Käufer zu finden oder alle notwendigen Unterlagen zu erstellen, die ein möglicher Käufer prüfen muss, um zu wissen, was er da kauft. Von eventuell notwendigen Aktionen, um das Unternehmen übergabefit zu machen und damit auch den Verkaufs-erlös steigern zu können, ganz zu schweigen.

Generell gilt für alle Unternehmen immer wieder Innovationsmanagement zu betreiben, das heißt, sich an den Markt anzupassen und ein neues Geschäfts-modell aufzubauen oder das bestehende zu verbessern. Damit stärkt man generell den Ertrag seines Unternehmens und hat auch die besten Voraus-setzungen für einen eventuellen Unternehmensverkauf.

Betreiben Sie Innovationsmanagement!

Passen Sie Ihr Geschäftsmodell immer wieder an die aktuellen Anforderungen des Marktes sowie Ihre Zielkunden an!

GMEINER: Wie oft trifft man in der Praxis auf Unternehmen, die nicht übergabe-fit sind?

NÖHRER: Jedes Unternehmen, das ich begleite, durchläuft diesen Prozess des Optimierens. Einfach aus dem Grund, weil der Berater diesen Mehrwert liefern kann, weil er weiß, worauf es ankommt.

Ich habe noch kein Unternehmen erlebt, das so gut unterwegs war, dass man es von heute auf morgen mit dem höchst möglich erzielbaren Verkaufserlös verkaufen hätte können. Ein bisschen optimieren kann man immer – muss es aber natürlich nicht! Dies dauert auch nicht immer ein volles Jahr – oft reichen schon 2 bis 3 Monate aus!

> *Schon gewusst?* Viele Unternehmen haben durchaus gute interne Abläufe, *aber es fehlt an Struktur. Wer ist wofür zuständig? Wie werden Abläufe erledigt? Bisher hat es vielleicht genügt, wenn alle „aus Erfahrung" wissen, wie es läuft. Gerade vor einer Übergabe müssen klare Strukturen geschaffen werden, damit der Nachfolger – ein „Neuer" – auch weiß, wie es läuft.*

NÖHRER: Lassen Sie mich ein Beispiel zum Thema Übergabefitness erzählen. Ich habe einen Betrieb mit 16 Millionen Euro Umsatz für den Verkauf vorbereitet und im Zuge der tiefergehenden Gespräche mit dem Kunden festgestellt, dass es ihn stört, dass er über organisches Wachstum noch nicht so groß war, wie er es sich beim Verkauf gewünscht hätte. Er hatte einen tollen Kunden-stock, fantastische Mitarbeiter, ein gutes Produkt, aber auch nicht mehr die Zeit noch 5 Jahre zu warten, bis er dort war, wo er hin wollte. Über mein

Netzwerk habe ich erfahren, dass ein Betrieb aus der gleichen Branche Insolvenz angemeldet hatte. Ich habe vorgeschlagen, mit den involvierten Banken und dem Insolvenzverwalter zu verhandeln, das angeschlagene Unternehmen zu übernehmen und die neuen Mitarbeiter und die neuen Aufträge zu integrieren. Nach 6 Monaten Integrationsarbeit befand sich sein Unternehmen in der Größenordnung, die sich der Kunde gewünscht hatte. Nachdem dieses Wachstum auf Nachhaltigkeit geprüft wurde, haben wir verkauft und so den Erlös um satte 2 Millionen Euro erhöhen können (bei einem wesentlich geringeren Kostenaufwand).

Eine sinnvolle Möglichkeit, den Kaufpreis durch vorausschauende Maßnahmen nach oben zu treiben, ist also beispielsweise der Zukauf von „Schnäppchen", wie im eben geschilderten Fall. Darum ist es für mich immer sehr wichtig, mich ganz am Anfang von so einem Projekt mit dem Eigentümer lange und ausführlich über seine Wünsche und Zukunftspläne zu unterhalten und auf dieser Basis den passenden Prozess aufzusetzen!

Wann ist der richtige Zeitpunkt für die Übergabe?

GMEINER: Wann ist der richtige Zeitpunkt für die Übergabe eines Unternehmens? Nehmen wir an, ein Unternehmer ist 55 oder 60 Jahre alt: Wann startet man die ersten Aktivitäten in Richtung Übergabe?

NÖHRER: Dazu müssen neben der Übergabefitness des Unternehmens noch zwei essentielle Fragen bedacht werden.

Die erste Frage lautet: „Wie lange kann ich noch im Unternehmen bleiben?"

Die zweite Fragestellung ist: „Wann ist der Markt dazu bereit? Wann kann ich sinnvoll und gewinnbringend verkaufen, weil die Marktsituation günstig ist?"

Das eine ist, dass man das eigene Unternehmen ordentlich aufmöbelt und auf gesunde Beine stellt. Damit steigen bereits meine Chancen auf einen höheren Verkaufspreis. Das andere ist, dass man sich die globale Marktlage anschaut: Wo befinden sich gerade die Aktienpreise? Wie werden Unternehmen aktuell bewertet? Welches Zinsniveau herrscht gerade?

Schon gewusst? *Für den richtigen Zeitpunkt einer Unternehmensübergabe gibt es drei entscheidende Faktoren:*

1. *Ist mein Unternehmen übergabefit? Was ist intern noch zu tun?*
2. *Wie viel Zeit habe ich noch bis zur Pension? Wie lange will ich noch arbeiten?*
3. *Wann ist am Markt der richtige Zeitpunkt? Was ist extern zu beachten?*

NÖHRER: Ganz allgemein lässt sich sagen, dass hohe Marktpreise bezahlt werden, wenn es eine Niedrigzinspolitik gibt und die generellen Unsicherheiten relativ gering sind. Denn das bedeutet, dass jemand, der mein Unternehmen kaufen möchte, relativ günstig fremdfinanzieren kann.

Grundsätzlich wird bei einem Unternehmenskauf ein Teil mit Eigenkapital bezahlt, sei es von einem strategischen Investor oder einem Private-Equity-Geber, aber ein Großteil wird fast immer fremdfinanziert. Niedrige Zinsen bedeuten eine geringere finanzielle Belastung für den Käufer und das kann sich natürlich in einem höheren Kaufpreis niederschlagen.

Die aktuelle Null-Zinsen-Politik ist so gesehen für Unternehmensverkäufe bzw. -käufe fantastisch. Wir haben in Europa die Luxus-Situation, dass wir ein relativ sicherer Kontinent sind. Rund um uns ist vieles in Bewegung und es wird in den nächsten Jahren sicher auch bei uns schwieriger werden.

Generell gilt die Faustregel, dass der M&A-Markt immer ca. sechs Monate hinter dem Aktienmarkt nach schwingt, weil eine Transaktion Minimum sechs Monate dauert. Da momentan relativ viel für Aktien bezahlt wird (sprich gelistete Unternehmen sind hoch bewertet, weshalb man für ihre Anteile mehr bezahlen muss) haben wir dementsprechend (noch) sehr hohe Unternehmensbewertungen.

Neben der allgemeinen Marktsituation muss ich auch die eigene Branche beachten, in der ich tätig bin. Die hängt je nach Geschäftsmodell stärker oder weniger stark von Aktienmärkten und Preisen am Aktienmarkt ab, und hier vor allem von den Rohstoffpreisen. Als Transportunternehmen brauche ich zum Beispiel extrem viel Treibstoff, in dem Fall ist der Rohstoffmarkt sehr wichtig und schlägt sich wiederum in der Unternehmensbewertung und entsprechend im Verkaufserlös meines Unternehmens nieder.

Produktionsbetriebe sind in der Regel ebenfalls stark von Aktienmärkten abhängig, da auch sie oft Rohstoffe benötigen. Dienstleistungsbranchen sind nicht so anfällig für Preisschwankungen. Hier ist wiederum die Gefahr, dass die Dienstleistung, die mein Unternehmen anbietet, nicht mehr benötigt wird. Für einen Dienstleistungsbetrieb ist es daher wichtig, dass man sich rasch an die Nachfrage am Markt und veränderte Bedürfnisse des Kunden anpassen kann.

GMEINER: Können Sie ein Beispiel für einen Mittelstandsbetrieb im Dienstleistungssektor nennen?

NÖHRER: Der Pflegebereich ist ein Beispiel, oder auch das Personalleasing. Das sind Dinge, die man immer braucht. Daher ist das Thema Pflege eine Zukunftsbranche.

RÖTZER: Vor einigen Jahren gab es einen Sonnenstudio-Boom, von denen es heute viele nicht mehr gibt.

GMEINER: Videotheken sind überhaupt ausgestorben ...

NÖHRER: Das sind Beispiele für die Notwendigkeit, das Geschäftsmodell an die Bedürfnisse des Kunden und des Marktes anzupassen. Ein anderes Beispiel ist die Fotografie. Früher ging man häufig zum Fotografen, um einen Film entwickeln zu lassen, das braucht heute kaum noch jemand, denn alles ist digital, fast niemand lässt die Fotos noch ausarbeiten, man druckt diese zuhause aus.

GMEINER: Stimmt. Ich erinnere mich an ein riesiges Areal von Kodak mit vielen Gebäuden. Die gibt es heute nicht mehr, weil die Firma zu lange mit der Umstellung auf die neue Marktsituation gewartet hat.

NÖHRER: Das ist ein gutes Beispiel dafür, dass man nicht zu lange warten soll. Man sollte eine gute Marktsituation nutzen, die Phase, wo das Unternehmen gut läuft, um eine Übergabe vorzubereiten.

Ein ganz aktuelles Beispiel ist gerade die Automotive-Branche, welche sich im starken Umbruch befindet. Der Dieselskandal hat viele Kritiker auf den Plan gerufen und so werden vor allem von Großkonzernen fieberhaft Alternativen zu Verbrennungsmotoren gesucht – ob der Hype um elektrisch betriebenen Autos anhält, ausgebaut wird oder es völlig neue Ideen geben wird, steht noch in den Sternen. Aber auch hier ist gewiss, dass sich nicht nur große Unternehmen an den Markt anpassen müssen, viele Automotivezulieferbetriebe (KMUs) werden hier ebenfalls mitziehen müssen, wenn sie mit ihrem Geschäftsmodell nicht in Schieflage geraten wollen!

Nutzen Sie eine gute Marktsituation und die Phase, in der das Unternehmen gut läuft, um eine Übergabe vorzubereiten!

NÖHRER: Früher nannte man es „die Braut schmücken", wenn man ein Unternehmen für eine Übergabe vorbereitet hat. Dieser Ausdruck trifft es aber nicht, denn es geht überhaupt nicht darum, etwas zu beschönigen oder besser aussehen zu lassen als es ist. Es geht darum, das Unternehmen auf Vordermann zu bringen.

Das ist gut für alle Beteiligten im und am Unternehmen: Eigentümer, Management, Mitarbeiter. Der Übergeber kann einen höheren Preis erzielen, das Management und die Mitarbeiter profitieren von Verbesserungen im

Betrieb. Für die Übernehmer ist es ebenfalls gut, wenn ein Unternehmen übergabefit gemacht wurde. Denn so übernehmen oder kaufen sie etwas Ordentliches und dafür wird auch entsprechend bezahlt.

Wann ist der richtige Zeitpunkt für einen Verkauf?

Achtung: Der richtige Zeitpunkt des Verkaufs = nicht gleich der Start mit den Übergabeüberlegungen!

Diese Faktoren sollten Sie beachten:

- *Wie sieht die Gesamtkonjunkturlage aus? Wie ist die besondere Branchensituation? Gerade, wenn sich die Wolken verdüstern und die Situation aller Branchen eher nicht positiv aussieht, ist nicht davon auszugehen, dass ein wirklich guter Verkaufspreis erzielt werden kann.*

- *Wie kann man den aktuellen Markt und die Kaufbereitschaft der Investoren beurteilen? Befindet sich gerade viel Geld im Markt oder gibt es Situationen, in denen Ihre Branche besonders gefragt ist, dann nutzen Sie diese Möglichkeit.*

- *Wie entwickelt sich das eigene Unternehmen?*
  Prinzipiell ist die Frage nach der Entwicklung des eigenen Unternehmens in der jüngsten Vergangenheit ein wichtiger Faktor zur Bestimmung des Kaufpreises. Bedenken Sie aber auch, dass ein Unternehmen, das eine negative Entwicklung aufweist, so nur schwer oder zu einem sehr geringen Kaufpreis veräußerbar sein wird.

- *Habe ich genug Zeit, um auch den richtigen Zeitpunkt abwarten zu können bzw. bin ich dazu bereit, auch noch das eine oder andere Jahr nach dem Verkauf mitzuarbeiten?*

Warten Sie nicht zu lange! Der beste Zeitpunkt für eine Übergabe ist, wenn das Unternehmen auf dem Höhepunkt ist und hohe Unternehmensbewertungen bezahlt werden!

RÖTZER: Wenn ein eigentümergeführtes Unternehmen verkauft wird, hat beim Eigentümer ja schon eine gewisse psychologische Vorbereitung stattgefunden.

NÖHRER: Im besten Fall: Ja.

RÖTZER: Gehen wir davon aus, dass der Eigentümer die Entscheidung getroffen hat, sein Unternehmen zu verkaufen. Ist es dann nicht so, dass er ab diesem Zeitpunkt nicht mehr viel für sein Unternehmen macht? Nehmen wir an, es dauert ein Jahr, bis er den Verkaufsprozess startet: In dieser letzten Phase wird vom Eigentümer nicht mehr viel ins Unternehmen investiert. Das Unternehmen steht still und es tut sich nicht mehr viel.

NÖHRER: Ja, das kommt vor. Man spricht in dem Fall von Investitionsstau. Wenn sich der Eigentümer entschlossen hat, in Pension zu gehen und das Unternehmen zu verkaufen, agiert er anders. Jeder kennt das: Wenn man eine Entscheidung fällt und sich von etwas verabschiedet, verändert sich die Art, wie man handelt.

Wenn ich sage: „Ich verkaufe mein Unternehmen in zwei Jahren", dann bin ich wahrscheinlich nur noch halbherzig bei der Sache. Das betrifft vielleicht nicht so sehr das Tagesgeschäft, aber doch die größeren Strategiethemen wie Investitionen und neue Geschäftsmodelle. Es kann sich auch auf den Umgang mit Mitarbeitern auswirken, wenn zum Beispiel wegbrechende Mitarbeiter nicht nachbesetzt werden und statt dessen die übrigen Mitarbeiter mehr Arbeit übernehmen müssen. Das kommt schon mal vor.

Ich habe leider auch einige Übergeber kennengelernt, die völlig ausblenden, dass sie in Pension gehen und dann vielleicht krankheitsbedingt ganz plötzlich vor der Notwendigkeit einer Übergabe stehen. Sie wollen nicht wahrhaben, dass sie es gesundheitlich nicht mehr schaffen, was auch meistens mit dem Alter zusammenhängt.

Unabhängig von den eben genannten Fällen ist es ganz allgemein zu empfehlen, sich mindestens zwei Jahre auf die Übergabe vorzubereiten – auch „mental". Es ist viel zu tun: Ich muss interne Strukturen klären, vielleicht ein Controlling-System aufbauen, ich sollte mir ein Update meines Geschäftsmodells überlegen, vielleicht kaufe ich einen kleinen Mitbewerber, um mich besser zu positionieren. So gesehen sind zwei Jahre nicht zu viel.

Insbesondere vor einer bevorstehenden Übergabe gilt:

Vermeiden Sie Investitionsstau!

Bleiben Sie innovativ, klären Sie interne Strukturen und schöpfen Sie alle Möglichkeiten aus, um sich auf dem Markt besser zu positionieren!

GMEINER: Ist es aus Ihrer Sicht sinnvoll, wenn Sie als Beraterin von Anfang an dabei sind? Wenn man weiß, dass man in, sagen wir, fünf Jahren sein Unternehmen übergeben will: Macht es Sinn, wenn man Sie von Anfang an ins Boot holt?

NÖHRER: Ja. Ich finde es gut, wenn man sich die Möglichkeiten von Anfang an gut überlegt und gemeinsam einen Plan erstellt. Das bedeutet nicht, dass ich jahrelang ständig im Einsatz bin. Man erstellt ein Konzept und schaut, welche Experten man vielleicht für gewisse Themen braucht oder ob man das alleine bewältigten kann, das hatte ich ja vorhin schon erklärt.

Sie möchten mit meiner Unterstützung die Firmenübergabe
rechtzeitig planen und mit mir einen diskreten und
gewinnbringenden Verkaufsprozess beginnen?
Kontaktieren Sie mich für ein vertrauliches Erstgespräch!
dn@panthera.co.at, www.panthera.co.at

Gebot 3

Du sollst den Verkaufsprozess kennen

*„Es ist nicht zu wenig Zeit, die wir haben,
sondern es ist zu viel Zeit, die wir nicht nutzen."
(Lucius Annaeus Seneca)*

Was ist ein M&A Prozess?

GMEINER: Was bedeutet eigentlich M&A?

NÖHRER: „M&A" ist die Abkürzung von „Mergers and Acquisitions". „Merge" bedeutet etwas vereinen, es zu fusionieren – „Acquisition" bedeutet beispielsweise ein Unternehmen zu übernehmen.

Bei uns im deutschsprachigen Raum hat sich der Begriff „M&A" durchgesetzt. Ich persönlich verwende gern das Wort „Transaktionen" und bezeichne mich als „Transaktionsberaterin".

GMEINER: Was versteht man unter einem M&A-Prozess bzw. einem Verkaufsprozess im Allgemeinen?

NÖHRER: Wenn man sich entscheidet, einen Nachfolger zu suchen und sein Unternehmen an einen Externen zu verkaufen, wird man in der Regel 100 % seiner Anteile mittels einem Share Deal verkaufen. Das heißt, man verkauft sein gesamtes Unternehmen.

Eine andere Variante wäre der Asset Deal, bei dem man nur Teile verkauft. Das sind zum Beispiel die Produktionsanlagen, die Produktionshalle, der Kundenstock. Diese Möglichkeiten gäbe es auch, sie spielen aber eher bei Krise und Insolvenz eine Rolle. Das werde ich später in Gebot 5 erläutern.

Schon gewusst? Grundsätzlich gibt es beim Unternehmensverkauf zwei verschiedene Varianten:

1. *Share Deal: Der Eigentümer verkauft bis zu 100 % der Anteile seines Unternehmens als wirtschaftliche und rechtliche Einheit an den Nachfolger.*
2. *Asset Deal: Der Käufer „pickt" sich gewisse, für ihn interessante Teile des Unternehmens heraus, welche er kauft (z.B. Maschinen, Kundenstock, Lizenzen, Patente, Gebäude). Vorteil für den Käufer: Für die im Unternehmen begründeten Verpflichtungen haftet der Verkäufer.*

NÖHRER: Der Übergeber hat neben dem Verkauf von 100 % der Anteile seines Betriebs natürlich auch die Möglichkeit eines Teilverkaufs und kann so zu einem gewissen Anteil noch weiterhin am Unternehmen beteiligt bleiben. Er kann z.B. aus der Geschäftsführung ausscheiden, partizipiert aber als nicht operativer Minderheitsgesellschafter weiter am Unternehmen. Hier gibt es viele verschiedene gesellschaftsrechtliche Varianten! Welchen Weg man geht, hängt immer auch sehr stark von den Möglichkeiten und der Interessenlage des Nachfolgers bzw. des Käufers ab.

Strebt man als Unternehmer eine strategische Partnerschaft an, so ist ein Verkauf von Minderheitsanteilen eher üblich – plant man das spätere Ausscheiden, könnte man sinnvollerweise z.B. jährlich einen gewissen Teil der Anteile übergeben, bis der strategische Partner und eventuell sogar zukünftige Nachfolger eine Mehrheit (bis zu 100 %) der Geschäftsanteile hält.

Es gibt sehr viele Varianten, wie man ein Unternehmen verkaufen kann – am besten man bespricht mit einem erfahrenen Transaktionsberater seine eigenen Wünsche und plant gemeinsam die optimale Verkaufsstruktur! Je offener man aber gegenüber den Wünschen des Käufers ist, desto wahrscheinlicher ist das Gelingen einer erfolgreichen Transaktion.

Seien Sie für jede Variante offen!

Ihre Grundsatzüberlegung sollte sein: Will ich weiterhin noch in irgendeiner Form an meinem Unternehmen beteiligt bleiben oder möchte ich ganz aussteigen?

GMEINER: Wie läuft ein M&A-Prozess ab?

NÖHRER: Beim Verkaufsprozess gibt es vier verschiedene Phasen:

1. Vorbereitungsphase
2. Vermarktungsphase
3. Prüfungsphase und
4. die Verhandlung am Schluss.

Für jede einzelne Phase sollte man ungefähr zwei Monate einrechnen. Bei kleineren Unternehmen kann es etwas kürzer sein, bei großen Unternehmen kann es etwas länger dauern.

In die Vorbereitung fallen Themen wie die Gesamtplanung der Transaktion, Kaufpreisüberlegungen, ein Marktscreening bezüglich möglicher Käufer sowie die Erstellung von Verkaufsunterlagen.

Dann geht es in die Vermarktungsphase, der Berater spricht mögliche Interessenten mit einem anonymen Kurzprofil an, welches etwa drei bis vier Seiten umfasst und sehr allgemein gehalten ist. Inhalte sind im Groben: der Unternehmensgegenstand, der Verkaufsgrund, die wichtigsten Finanzkennzahlen sowie mögliche positive Aspekte für einen Käufer durch den Zukauf dieses Unternehmens.

I - Vorbereitung	II - Vermarktung	III - Prüfung	IV - Verhandlung
▪ Planung der geeigneten Nachfolgersuche / Motivation & Zukunftsvorstellungen	▪ Kontaktaufnahme mit potentiellen Käufern mittels anonymen Kurzprofil und erstellter Vertraulichkeitserklärung	▪ Due Diligence Prüfung durch jene pot. Käufer, mit welchen der Übergeber weiter verhandeln möchte	▪ Strukturierung der Transaktion mit Anwalt und Steuerberater
▪ Unterstützung des Übergebers bei der Erstellung relevanter Informationsunterlagen:	▪ bei Interesse des potentiellen Käufers („Übernehmers") Versand des Informationsmemos sowie	- Unterstützung des Übergebers bei der Datenraumerstellung (alle relevanten Unterlagen, welche im Zuge einer Firmenübergabe von Interesse bzw. für die Anpassung des Kaufpreises & Erstellung der Kaufvertrages zu prüfen sind)	▪ Vertragsverhandlungen (es gibt unzählige Ausgestaltungsmöglichkeiten von Kaufpreismodalitäten -> individuell an die jeweilige Situation und den Bedarf / die Möglichkeiten anpassbar)
- Anonymes Kurzprofil			
- Vertraulichkeitserklärung	▪ Vereinbarung eines ersten persönlichen Kennenlernens oder einer Telefonkonferenz zwischen dem Übergeber („Verkäufer") und dem pot. Käufer		▪ Medien & Pflichtmeldungen
- Informationsmemo (umfasst alle relevanten Unternehmensbereiche inkl. Branchenprognose und Zukunftsstrategie des Unternehmens)		- Koordination der Fragenbeantwortung zwischen Käufer und Übergeber	▪ Vertragsunterzeichnung - Signing
▪ Aufstellen einer Liste von potentiellen Käufern (in Zusammenarbeit mit dem Übergeber bzw. Freigabe durch selbigen) – die so genannte „Long List"	▪ „unverbindliches Angebot" – Einholen einer Interessensbekundung (LOI) inkl. Kaufpreisindikation	▪ Auswahl Transaktionsanwalt & Erstentwurf Kaufvertrag ▪ Abgabe „verbindliche Angebote"	▪ Umsetzung der Closing-Voraussetzungen ▪ Transaktionsabschluss - Closing
4 – 8 Wochen	6 – 10 Wochen	2 – 4 Wochen	4 – 8 Wochen

NÖHRER: Bei Interesse lässt man vom Interessenten bzw. möglichen Käufer eine Vertraulichkeitserklärung unterzeichnen, welche den Übergeber sowie den Verkäufer vor Verkaufsgerüchten am Markt und einem daraus resultierenden Schaden schützen soll.

Danach wird den Interessenten zum einen der Name des zu verkaufenden Unternehmens eröffnet, zum anderen ein Informationsmemorandum zur weiteren Prüfung ihres Interesses am Kaufobjekt zur Verfügung gestellt. Dieses umfasst etwa 50 Seiten, in denen das Unternehmen umfassend dargestellt wird. Im ersten Teil geht es um Themen wie den Unternehmensgegenstand, Produkte und Leistungen, allfällige Lizenzierungen, in welchen Branchen und Märkten und geografischen Gefilden man tätig ist, ein (meist anonymes) Organigramm und mögliche Firmenbeteiligungen. Der zweite große Teil bildet die Finanzsituation aus der Vergangenheit sowie für die Zukunft und die Strategie, wie man die Zahlen in dieser Planung erzielen will, ab.

Bei der Vergangenheitsanalyse ist es üblich, dass man die letzten drei Jahre (Gewinn- und Verlustrechnung, Bilanz) inklusive einer Beschreibung allfälliger Ausreißer nach unten und oben darstellt und beschreibt. Oft sind die Ergebnisse der Vergangenheit als „bereinigte Ergebnisse" dargestellt, was bedeutet, dass man nicht geschäftsübliche Aufwendungen oder Erträge zum erzielten Ergebnis hinzuzählt bzw. davon abzieht, um die tatsächliche wirtschaftliche Situation des Unternehmens abbilden zu können (dies ist vor allem bei der Kaufpreisfindung für den Interessenten eine wichtige Information und kann oft die Preisbandbreite nach oben treiben).

Nach der Vergangenheit stellt man die Zukunft des Unternehmens dar. Ich empfehle eine 3-Jahres-Planung, damit der mögliche Käufer sieht, wo die Reise hingehen kann und welche Potentiale im Unternehmen stecken. Es sollte hier auch schriftlich dokumentiert werden, weshalb man glaubt, dass die Planung plausibel ist und die Zahlen erreicht werden können („Planungsannahmen").

Sie sehen, im Informationsmemorandum steckt jede Menge Information, welche akkurat aufgearbeitet werden muss – daher sollten etwa ein bis zwei Monate für dessen Ausarbeitung und der Erstellung der Kurzprofils bzw. der Vertraulichkeitserklärung eingeplant werden. Wird ein Prozess zweisprachig geführt, braucht es vielleicht sogar rund zwei Wochen mehr.

GMEINER: Das schreiben Sie als Transaktionsberaterin? Es ist Ihre Aufgabe, alle Unterlagen zu erstellen?

NÖHRER: Die Unterlagen erstelle ich in Zusammenarbeit mit dem Kunden bzw. bei Bedarf mit dessen Steuerberater. Die Beschreibung des Marktes bzw. der Branche, in welcher sich das Unternehmen befindet, sollte jeder gute Berater allein erstellen können, er wird sich jedoch mit seinem Kunden darüber abstimmen, ob dieser, als Branchenexperte, die in Erfahrung gebrachten Informationen ebenfalls so wahrnimmt und bestätigen kann (denn auch die Situation am Markt spielt, wie vorhin schon mehrmals erwähnt, stark in die Preisgestaltung hinein).

Beim Informationsmemorandum gibt es verschiedene Möglichkeiten, welche an die Situation des Projektes angepasst werden sollten. So kann es durchaus Sinn machen, für den Finanzteil des Infomemos einen mit Transaktionen erfahrenen Steuerberater/Wirtschaftsprüfer ein so genanntes „Financial Factbook" erstellen zu lassen. Dies ist eine abgespeckte Version einer Vendor Due Diligence, welche in manchen Fällen vom Verkäufer erstellt und dem Käufer nach dem unverbindlichen Angebot zur Verfügung gestellt wird – eine Due Diligence hingegen wird vom Käufer anhand der vom Verkäufer zur Verfügung gestellten Unterlagen (in der Regel immer) durchgeführt.

Das Financial Factbook konzentriert sich hauptsächlich auf den Finanzbereich und hat den Vorteil, kostengünstiger als eine Vendor Due Diligence zu sein, bei gleichbleibenden Vorteilen:

- man kann vor Ansprache der möglichen Kaufinteressenten eventuelle finanztechnische Themen, die noch nicht ganz optimal sind, finden und „in Ordnung" bringen – damit hat man auch wieder eine Kaufpreiserhöhung erzielt („Übergabefitness"),

- eine reguläre Due-Diligence-Prüfung und damit der Zeitaufwand für den Verkäufer im Zusammenhang mit zu beantwortenden Fragen von möglichen Käufern wird wesentlich verkürzt,

- durch die Erstellung eines solchen Factbooks durch einen Steuerberater/Wirtschaftsprüfer erhält dieses Dokument eine gewisse Qualität in Richtung „prüferische Durchsicht" und zeugt davon, dass man nichts verschleiern will und korrekt alle wichtigen Infos offenlegt – dies hinterlässt beim möglichen Käufer einen gewissen „Wohlfühlfaktor" und kann zum Abkürzen der Due Diligence einerseits und andererseits zu einem besseren Klima bei weiterführenden Verhandlungen führen.

GMEINER: Verstehe ich das richtig: Sie erstellen die Unterlagen, Sie haben eine To-do-Liste und fragen den Unternehmer nach den Informationen, die Sie brauchen bzw. klären ab, ob das Einbeziehen eines Steuerberaters/Wirtschaftsprüfers Sinn macht?

NÖHRER: Genau. Die Themen, in die ich zu wenig Einblick habe, gebe ich dem Unternehmer sozusagen als Aufgabe weiter. Ich sage zum Beispiel: „Bitte sammeln Sie alle Unterlagen, die Ihre Produkte oder Dienstleistungen gut widerspiegeln, erstellen Sie ein Organigramm, analysieren Sie auf anonymer Basis Ihre Kunden, listen Sie Ihre Lizenzen auf und bereiten Sie die Gewinn- und Verlustrechnung aus den letzten drei Jahren und Ihre Planung auf." Die plausibilisieren wir dann gemeinsam, das heißt, ich unterstütze bei einer realistischen Aufstellung seiner Zukunftsplanung. Die Grundinformation dazu muss mir aber der Unternehmer selbst liefern.

Auf dieser Basis erstelle ich dann die gesamten Verkaufsunterlagen bzw. falls sinnvoll gemeinsam mit anderen Experten aus dem Bereich Steuern oder Recht. Parallel dazu verwende ich diese Unterlagen auch bereits, um den Datenraum, den man für die Due-Diligence-Prüfung in Phase III benötigt, in einer sinnvollen (meist elektronischen) Weise zu bestücken. So verringert sich der Aufwand dann vor allem beim Verkäufer im Zusammenhang mit dem finalen Zusammentragen der Unterlagen für den Datenraum.

In Summe ist gerade in dieser Vorbereitungsphase auch viel Arbeit vom Unternehmer selber notwendig, das darf nicht unterschätzt werden.

GMEINER: Muss der Unternehmer über die gesamte Laufzeit des Transaktionsprozesses Arbeit dafür aufwenden?

NÖHRER: Bei einem Transaktionsprozess muss einem generell bewusst sein, dass man das Tagesgeschäft nicht wie üblich weiterfahren kann. Man muss – phasenbedingt – ein Viertel bis ein Drittel seiner Zeit für den Transaktionsprozess einplanen. Ich bemühe mich aber, meinen Mandanten so oft wie möglich für das Tagesgeschäft freizuspielen.

In der Vorbereitungsphase ist der Zeitaufwand für den Verkäufer am größten, bei der Vermarktungsphase brauche ich ihn de facto nicht mehr – ich spreche die Long-List-Kandidaten an, hole die Vertraulichkeitserklärungen ein, verschicke das Informationsmemorandum und koordiniere alle Termine. Ohne einen Berater muss der Unternehmer alles selber machen. Mit Berater sind die ersten Wochen für den Unternehmer zwar zeit- und arbeitsintensiv, danach ist er aber weitgehend freigespielt. Außerdem weiß ich als Beraterin, welche rechtlichen Themen wichtig sind. Ich weiß auch, wie ich bereits in der Vorbereitung der Unterlagen den Kaufpreis positiv beeinflussen kann und wie die anonyme und vertrauliche Kommunikation mit potentiellen Verkäufern funktionieren kann. Dieses Wissen, das dem Unternehmer in der Regel fehlt, kann ein Berater aufgrund seiner Erfahrungswerte einbringen.

Schon gewusst? *In der Vorbereitungsphase – das sind vier bis acht Wochen – müssen Sie sich als Unternehmer wirklich Zeit für die Zusammenarbeit mit dem Transaktionsberater nehmen. Denn Sie müssen Information bereitstellen und gemeinsam die Prozessplanung besprechen. Danach kann der Transaktionsberater weitgehend eigenständig agieren – und Sie sind frei gespielt.*

NÖHRER: Viele Unternehmer und Eigentümer unterschätzen den zeitlichen Aufwand und kommunizieren den geplanten Unternehmensverkauf im Unternehmen und extern, ohne die notwendigen Vorbereitungen abgeschlossen zu haben. Diese unprofessionelle Vorgehensweise kann zu negativen Auswirkungen auf den erzielbaren Verkaufspreis des Unternehmens führen. Sollten Informationen über einen bevorstehenden Verkauf des Unternehmens nach Außen dringen, besteht die Gefahr, dass wichtige Kunden abspringen und schwer zu ersetzende Mitarbeiter sich neu orientieren.

Im Unternehmensverkauf kommt es darauf an, den Verkauf zielgerichtet voranzutreiben, ohne dass jemand davon erfährt, der nicht direkt in den Verkauf des Unternehmens involviert ist. Ich rate also dazu, stets alle Beteiligten in entsprechende Vertraulichkeitserklärungen oder Geheimhaltungsverträge einzubinden.

Ein weiterer wirklich wichtiger Punkt für den Übergeber ist, dass er kritische Fragen der Kaufinteressenten zeitnah und aussagekräftig beantworten kann und bestenfalls die gesamte Erstpräsentation der Firma einen guten ersten Eindruck hinterlässt. In der Praxis erlebe ich leider oft das Gegenteil und bereite meine Kunden gerade hier sehr stark darauf vor! Wenn „Hausaufgaben" nicht gemacht werden, ist ein Abspringen des Kaufinteressenten sehr wahrscheinlich.

RÖTZER: Wie mache ich das als KMU – dem Berater Informationen bereitstellen, ohne dass meine Mitarbeiter das mitbekommen?

NÖHRER: Daher sage ich, dass sich der Unternehmer bewusst sein muss, dass gerade auf ihn anfangs viel Arbeit zukommt, damit aber auch ein gewisses Maß an Verschwiegenheit gewährleistet werden kann. Eventuell kann man noch einen/eine Vertraute, meist jemanden aus der Familie, der/die ebenfalls im Unternehmen arbeitet, hier als Unterstützung hinzuziehen.

RÖTZER: Aber der Unternehmer kann meist nicht mal die Buchhaltungssoftware bedienen, er muss jemanden fragen, wenn er die G&V haben will.

NÖHRER: Man muss immer einen sinnvollen, oft „kreativen" Mittelweg finden. Ich bin meistens unter der Bezeichnung „Organisationsentwicklung" im Unternehmen tätig – jemand, der sich alles anschaut, den Blick von außen einbringt und Input gibt.

Eine andere Möglichkeit ist es seinen Mitarbeitern, oder zumindest einigen ausgewählten, vielleicht nicht gleich den Verkaufswunsch, aber folgende Variante zu kommunizieren: „Wir wollen wachsen, wir wollen Gas geben. Dafür werden wir uns aber einen Partner ins Boot holen." Dass aus der strategischen Partnerschaft ein 100%-Verkauf wird, hat sich dann eben im Laufe des Prozesses so ergeben. Damit kann man Mitarbeiter beim Zusammentragen der Informationen einsetzen, aber es entstehen keine ungünstigen Gerüchte. Natürlich ist jedes Unternehmen und jeder Mitarbeiterstamm unterschiedlich – es gibt kein Patentrezept dafür und alles muss immer individuell abgestimmt werden.

Grundsätzlich ist es immer wahnsinnig schwierig, die Vertraulichkeit zu wahren und gleichzeitig die Ressourcen in der Firma zu heben, die mir die Infos zuspielen, die ich benötige. Aber da ich schon seit über 10 Jahren solche Verkaufsprozesse betreue und JEDER davon ein gewisses Maß an Vertraulichkeit benötigt hat, kann ich meine Mandanten hier sehr gut mit in der Praxis erprobten Ratschlägen unterstützen!

Diplomatisch die Vertraulichkeit wahren: „Wir wollen eine strategische Partnerschaft eingehen."

NÖRÖ-TIPP

Wenn Sie ausgewählten Mitarbeitern vorab eine Information geben müssen, dann sagen Sie am besten, dass Sie einen strategischen Partner suchen, um das Unternehmen noch weiter nach vorne zu bringen. Das ist die Wahrheit und Sie können gleichzeitig die Vertraulichkeit wahren.

GMEINER: Wie geht es nach der Vorbereitungsphase weiter?

NÖHRER: Wenn alle Verkaufsunterlagen vorbereitet sind, geht es in die zweite Phase, die Vermarktungsphase.

In der Vermarktungsphase werden mögliche Interessenten angesprochen, die Verkaufsunterlagen werden verteilt. In der Vorbereitungsphase wurde eine Long List von potentiellen Käufern erstellt, an die nun das anonymisierte Kurzprofil verteilt wird.

Besteht Interesse, dann unterschreibt der Interessent eine Vertraulichkeitserklärung. Diese ist die Voraussetzung dafür, dass er das umfangreiche Informationsmemorandum bekommt, denn da sieht der Interessent, um welches Unternehmen es konkret geht und erfährt viele Unternehmensdetails (allerdings keine Betriebsgeheimnisse oder die Namen der Schlüsselmitarbeiter oder Kunden!).

All jene, die dann wirklich Interesse am Unternehmenskauf haben, geben ein unverbindliches Angebot ab, im besten Fall mit einer Preisbandbreite.

Schon gewusst? Die Vertraulichkeitserklärung gibt es in einer „starken" Variante mit monetärer Pönale oder aber auch ohne Pönale. Eine Pönale verstärkt die vertrauliche Behandlung des Projektes von Interessentenseite und macht vor allem beim direkten Mitbewerber Sinn. Finanzinvestoren unterzeichnen so starke Erklärungen meist nicht.

GMEINER: Wie viele mögliche Interessenten sind das üblicherweise, an die man als Berater herantritt?

NÖHRER: Ich persönlich bin ein großer Fan von weniger ist mehr. Ich sehe es als Aufgabe des Beraters, vor der Vermarktungsphase eine ordentliche Long List auszuarbeiten. Das heißt: Welcher potentielle Käufer kauft momentan zu? Welcher potentielle Käufer ist in diesem Bereich tätig und möchte weiter zukaufen? Es geht darum, die passenden Kandidaten herauszufiltern (national bzw. auf Wunsch auch international).

Ich halte nichts davon, eine Liste von 100 Kandidaten zu erstellen und diese im gesamten Markt zu verteilen. Das birgt auch die Unsicherheit, dass die Anonymität des Übergabeunternehmens doch verloren geht. Ich spreche in der Regel maximal 20 bis 30 wirklich gut passende potentielle Käufer an – und hier in der ersten Runde meist nicht den direkten Mitbewerb. Der direkte Mitbewerber kann oft mit wenigen Eckdaten herausfinden, um welches Unternehmen es sich handelt, und die Anonymität bleibt nicht gewahrt.

Sollte nach dieser ersten Runde kein passender Interessent gefunden worden sein, geht es in eine zweite Runde mit anderen potentiellen Käufern!

GMEINER: Wie geht es weiter, nachdem die unverbindlichen Angebote abgegeben wurden?

NÖHRER: Bestenfalls hat man mehr als ein unverbindliches Angebot erhalten und kann auswählen (die Chancen auf mehrere Angebote erhöhen sich bei entsprechender „Übergabefitness" des Unternehmens).

Die unverbindlichen Angebote, die dem Verkäufer am besten entsprechen (Preis, Strategie, Sympathie … frei nach dem Motto von eingangs: „Will ich Geld oder Liebe?"), werden für die nächste Phase, die Due-Diligence-Prüfung[5], ausgewählt. Hier hat nun der potentielle Käufer die Möglichkeit, alles, was die Firma ausmacht, unter die Lupe zu nehmen und die Ergebnisse in seine finale Kaufpreisbildung einfließen zu lassen. Hier finden auch nochmals Gespräche mit dem Verkäufer, die sogenannte „Managementpräsentation" statt.

Schon gewusst? *Eine Due Diligence ist die sorgfältige Prüfung und Analyse eines Unternehmens, die ein potentieller Käufer eines Unternehmens durchführt, um sich so weit wie möglich abzusichern, dass die Annahmen, Voraussetzungen und Risiken, auf die sich sein Kaufangebot beziehen, zutreffend sind. Bei einer Due Diligence werden die wirtschaftlichen, rechtlichen, steuerlichen und finanziellen Verhältnisse eines Unternehmens unter die Lupe genommen.*

---

[5] Vgl. https://de.wikipedia.org/wiki/Due-Diligence-Prüfung

NÖHRER: Eine Due-Diligence-Prüfung dauert in der Regel zwei Wochen, ist jedoch ein bisschen abhängig von der Anzahl der teilnehmenden potentiellen Käufer. Wirklich sensible Themen, wie Gespräche mit Schlüsselmitarbeitern, die Verträge der Geschäftsführung oder die wichtigsten Kundennamen, werden oft erst ganz zum Schluss im Zuge eines persönlichen Gesprächs offengelegt und auch nur jenen potentiellen Käufern, mit denen man am wahrscheinlichsten weiterverhandeln möchte.

Nach der Due Diligence wird von den Kaufinteressenten ein verbindliches Kaufangebot abgegeben. Das heißt, was in diesem Kaufangebot drinnen steht, ist verbindlich, denn es ist schon angepasst an die Erkenntnisse, die man aus der Due Diligence gewonnen hat.

Grundsätzlich ist zu sagen, dass der Käufer IMMER versucht, den im unverbindlichen Angebot genannten Preis nach der Due-Diligence-Prüfung nach unten zu revidieren, er versucht Argumente zu finden, die eine Kaufpreisreduktion rechtfertigen (darum ist wieder einmal die oft genannte „Übergabefitness" und sorgfältiges Vorbereiten der Transaktion oberstes Gebot!).

Kaufpreisvorstellungen aus Käufer- / Verkäufersicht

Kaufpreisvorstellung Käufer

Kaufpreisvorstellung Verkäufer

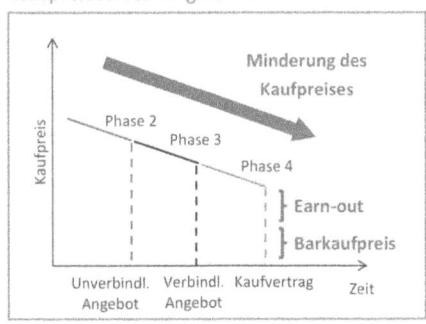 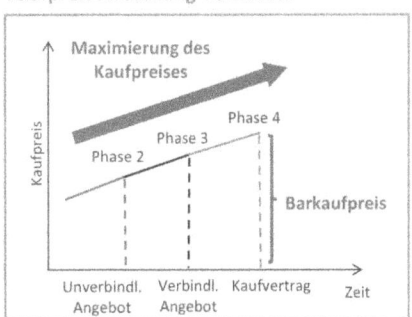

Der Kaufpreis entwickelt sich im Laufe des Prozesses – eine Annäherung zw. Käufer und Verkäufer ist essentiell für den erfolgreichen Abschuss einer Transaktion !!!!

65

NÖHRER: Bestenfalls hat man bis zum Schluss mehrere potentielle Käufer, die den Kaufpreis gegenseitig mit ihren Angeboten nach oben treiben – in der Regel erhält der für den Verkäufer attraktivste Käufer (auf dessen Wunsch hin bzw. als Bedingung für das Gelten seines Angebots) aber „Exklusivität" für die folgende Verhandlungsphase. In dieser Exklusivität (z.B. 1 Monat) darf nur mit diesem Interessenten verhandelt werden.

Der M&A-Prozess aus Verkäufersicht – Kaufpreismaximierung

Sequentielle Käuferansprache

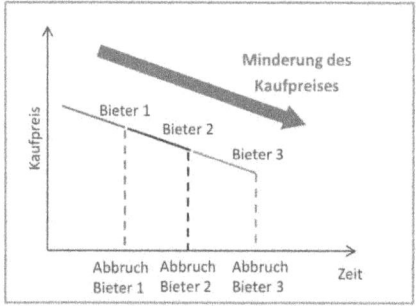

Die **aufeinanderfolgende Ansprache** von potentiellen Käufern birgt die Gefahr der **Minderung** des angestrebten **Verkaufspreises**, falls mit dem ersten Bieter keine Einigung erzielt werden kann.

Parallele Verkaufsverhandlungen/Auktion

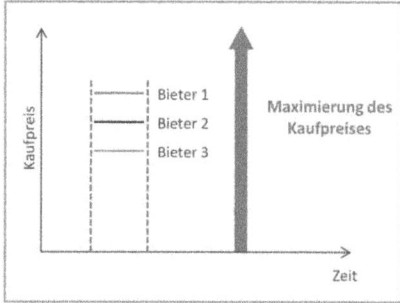

Im Rahmen von **parallelen Verkaufsverhandlungen** treibt der Bieterwettbewerb den potenzielle Erwerber tendenziell dazu an seine jeweilige **Preisobergrenze** heranzugehen.

Die Auktion MAXIMIERT den Kaufpreis !!!!

NÖHRER: Wenn man mit einem Kaufinteressenten nach dem anderen verhandelt, dann dauert der Verkaufsprozess sehr lange. Denn immer, wenn die Verhandlungen mit einem Käufer nicht zum Erfolg führen, muss man danach Verhandlungen mit den nächsten Interessenten starten. Das braucht Zeit, deshalb sollte man mit allen Kaufinteressenten gleichzeitig in die Due-Diligence-Phase gehen und sich von allen Angebote geben lassen. Dann kann man – sehr salopp gesprochen – sagen: „Ich möchte gern mit Ihnen verhandeln, aber dazu fehlen noch 200.000 Euro. Wollen Sie das Kaufangebot nachbessern? Wenn nicht, verhandle ich mit jemandem anderen."

Führen Sie Ihre Verhandlungen zeitgleich mit mehreren poten-
tiellen Käufern!

NÖHRER: Damit sind wir in der vierten Phase des Verkaufsprozesses angelangt, den Verhandlungen.

Parallel zur Due Diligence sollte man den Transaktionsanwalt auswählen und einen Kaufvertrag (auch „Share Purchase Agreement" oder einfach „SPA" genannt) aufsetzen. Mit der Strukturierung der Transaktion sollte man gemeinsam mit dem Steuerberater steueroptimale Themen besprechen. Dann tritt man in die Vertragsverhandlungen ein, wo bestenfalls beide Parteien (also Verkäufer und Käufer) von rechtlicher Seite her beraten werden. Wenn sich beide Parteien einig werden, kommt es zum Signing, der Vertragsunterschrift, und danach zum Closing, dem Vertragsabschluss.

Vertragsabschluss – was dann?

GMEINER: Der Vertrag ist abgeschlossen – was jetzt? Muss ich sofort raus aus meinem Unternehmen oder kann ich noch ein oder zwei Jahre bleiben?

NÖHRER: Im Kaufvertrag kann alles geregelt werden – sofern beide Parteien damit einverstanden sind.

Wenn beispielsweise der Verkäufer sagt, es ist für ihn und einen Verkauf unabdingbar, dass er die nächsten fünf Jahre als Geschäftsführer im Unternehmen bleibt (nicht mehr als Gesellschafter, sondern als Angestellter), dann muss er einen Käufer suchen, der das akzeptiert.

GMEINER: Wie ist es üblicherweise? Geht der bisherige Unternehmer nach dem Vertragsabschluss mit dem nächsten Monatsletzten?

NÖHRER: Nein. Der Großteil der geschäftsführenden Gesellschafter bleibt länger – zumindest für eine gewisse Übergangsperiode, weil das einfach Sinn macht. Denn mit dem unverzüglichen Ausscheiden des dann ehemaligen Eigentümers hat der neue Eigentümer auch das Risiko, dass das für das Funktionieren des Betriebs notwendige Netzwerk des Alteigentümers – die Kontakte zu Kunden, Lieferanten, Mitarbeitern – verloren geht. Wenn der neue Eigentümer sofort ein neues Management einsetzt und keine Übergangsfrist ausverhandelt, ist dieses Risiko sehr hoch wichtige Personen oder Kunden und damit viel Geld zu verlieren.

Aus Erfahrung kann ich sagen, dass eine Übergangsphase von ein bis maximal zwei Jahren sinnvoll ist, in welcher der neue Eigentümer beispielsweise seinen eigenen Geschäftsführer als zweite Führungskraft im Unternehmen installiert und damit eine sorgfältige Übergabe garantiert werden kann. Eine längere Übergangszeit kann schnell auch für alle Beteiligten mühsam werden, nämlich dann, wenn der Alteigentümer keine Notwendigkeit mehr sieht, sich für das Unternehmen anzustrengen, oder umgekehrt keine vernünftigen, ihn ausfüllenden Aufgaben mehr zugeteilt bekommt! Hierfür sollte man schon im Vorfeld eine sinnvolle Lösung finden! Auch den Verkaufserlös betreffend, ist dieses Thema oft immens wichtig! Ist das Geschäft strikt von der Person des Alteigentümers abhängig und möchte dieser gleich nach Vertragsabschluss aus dem Unternehmen ausscheiden, kann es ihm höchst wahrscheinlich passieren, dass der Preis eklatant sinkt!

Gibt es Stolpersteine beim Verkaufsprozess?

GMEINER: Gibt es Stolpersteine beim Verkaufsprozess? Wenn ja, welche sind das? Worauf sollte man achten?

NÖHRER: Es gibt verschiedene Stolpersteine, manche habe ich ja bereits angesprochen. Ein weiteres Thema betrifft die Finanzplanung.

Die Zukunftsplanung wird im Vergleich zum Verlauf der vergangenen Jahre gerne immens aufgeblasen (man nennt dies auch „Hockeystick-Planung", weil die Zukunftszahlen einen starken Knick nach oben machen und grafisch betrachtet wie ein Eishockeyschläger aussieht), ohne dies auch sinnvoll mit Argumenten unterlegen zu können. Das macht man (oft leider auf Anraten eines unwissenden Beraters – das kann vom Steuerberater, der nie Transaktionen begleitet, bis hin zum unerfahrenen oder unseriösen Transaktionsberater jeder sein) in der Hoffnung, mit einer optimistischen Finanzplanung einen höheren Kaufpreis für das Unternehmen erzielen zu können. Der Käufer lässt sich hier in der Regel nichts vormachen und so ist der Frust auf der Verkäuferseite oft groß.

Es ist wirklich empfehlenswert, sinnvoll an die Vergangenheitszahlen angelehnt zu planen, keine unrealistischen Zukunftsszenarien zu entwickeln und diese von erfahrenen Beratern plausibilisieren zu lassen – sofern man sich selbst dabei unsicher ist. Es ist besser, bereits drei Jahre vor einer Übergabe mit Optimierungen im Unternehmen zu beginnen, um die Zahlen schon vorab zu verbessern. Damit schafft man eine solide Grundlage für eine höhere Unternehmensbewertung!

NÖRÖ-TIPP

Stellen Sie die Zahlen in der Zukunftsplanung realistisch dar!

Planen Sie sinnvoll und beschreiben Sie keine unrealistischen Zukunftsszenarien.

Beginnen Sie am besten bereits zwei bis drei Jahre vor einer Übergabe mit Optimierungen in Ihrem Unternehmen – damit eine bessere Zukunftsplanung auf einer soliden Basis möglich ist.

NÖHRER: Ich habe vor einigen Jahren ein tolles Unternehmen bzw. einen engagierten Unternehmer kennengelernt, der sich frühzeitig über seine Nachfolge Gedanken gemacht hat und bereits mit seinem Haus-und-Hof-Steuerberater eine entsprechende Planung als Vorbereitung auf den Verkauf – seine Kinder wollten nicht in seine Fußstapfen treten – erstellt hat. Auf Basis dieser Planung wurde dann ein Unternehmenswert „geschätzt", so wie ihn sich der Unternehmer als Minimum-Verkaufspreis gewünscht hatte. Danach wurde ich zu einem Erstgespräch eingeladen und schon im ersten Satz mit einem absolut überzogenen Verkaufspreis konfrontiert. Ich nehme mir für die Vorbereitung eines solchen Gesprächs meistens einige Stunden Zeit und versuche aktuelle Bewertungen für Unternehmen aus der betreffenden Branche zu sammeln und in Korrelation mit der generellen Marktlage eine ungefähr, realistische Wertbandbreite aufzustellen.

Hier lag man jenseits von Gut und Böse und der Unternehmer war auch nach drei aufklärenden Gesprächen – sogar unter Einbeziehung eines weiteren Beraters, der unabhängig von mir ähnliche Bewertungen für das Unternehmen aufgerufen hatte – nicht dazu bereit von seiner Meinung, welche er mit den „Schätzungen" seines Steuerberaters und dem Potential, welches noch in der Firma schlummere, argumentierte.

Ich will hier nicht die Berufsgruppe der Steuerberater schlecht machen, denn ich kenne sehr viele, die ihr Handwerk verstehen, aber man muss auch den Mut haben zu sagen, wenn es mangels Transaktionserfahrung nicht so ist. Ein Unternehmensverkauf fällt ja nicht für jeden Steuerberater unter sein Tagesgeschäft.

Besagtes Unternehmen hatte viele Potentiale, die man vorbereitend heben und darauf basierend eine realistische (gerne ambitionierte) Planung hätte erstellen müssen. Hier hatte man also mit zwei „Stolpersteinen" zu kämpfen – dem unwissenden Berater und der fehlenden Übergabefitness – und diese haben auch mangels Einsehen des Unternehmers dazu geführt, dass ich ihn nicht vertreten konnte (wenn ich keine Chance auf einen Verkauf sehe, will ich niemanden mit Kosten belasten, die nur zu Frust aber nicht zum Erfolg führen). Der Unternehmer hat danach einen anderen Berater engagiert.

Dieser hatte ihm versprochen, dass er einen Käufer findet, der ihm den gewünschten Kaufpreis bezahlt – hat den Unternehmer um 30.000 Euro für die Erstellung von Verkaufsunterlagen erleichtert und danach das Mandat mangels Kaufinteressenten abgebrochen – übrig blieb Frust beim Unternehmer.

Stolpersteine beim Verkaufsprozess

Die Wahrscheinlichkeit für einen positiven Abschluss hängt von vielen Themen ab:

- *Eine große Abhängigkeit des Unternehmens von der Person des Gesellschafters oder Geschäftsführers (Netzwerk, Kundenbeziehungen, Know-how, ...) sowie von Lieferanten oder Kunden.*
- *Der Umsatzrückgang bzw. das Nichterreichen der zur Verfügung gestellten Planzahlen während der Verhandlungen mit dem potentiellen Kaufinteressenten. Daher auch nochmals die dringende Empfehlung – stellen Sie die Zukunftszahlen Ihres Unternehmens „realistisch" dar und holen Sie sich externe Unterstützung für den Verkaufsprozess, damit Sie für das Tagesgeschäft freigespielt sind!*
- *Im Mittelstand kann oft das wirkliche Potential eines Unternehmens, aufgrund ausgeprägter steuerlicher Gestaltung der Bilanzen, nicht dargestellt werden. Gemeinsam mit einem erfahrenen Berater kann über „Bereinigungspositionen" oft eine bessere wirtschaftliche Betrachtungsweise dargestellt werden.*
- *Auch große Unterschiede zwischen den Bewertungsansätzen des Verkäufers und des Kaufinteressenten in Bezug auf beispielsweise Lager, halbfertige Erzeugnisse oder offene Forderungen, können zu einer schwierigen Verhandlungsbasis führen.*
- *Unrealistische Kaufpreisvorstellungen durch den Verkäufer sind anfangs üblich („idealer Wert"), diese führen in der Regel zum Abbruch der Verhandlungen mit vielversprechenden Käufern (oft auch schon im Vorfeld).*

Überlegungen zu diesen potentiellen Schwierigkeiten sollte sich der Verkäufer schon im Vorfeld des Unternehmensverkaufs machen und bei Bedarf mit einem erfahrenen Transaktionsberater mit Lösungsmöglichkeiten erarbeiten.

GMEINER: Was ist eigentlich unter einer überzogenen Kaufpreisvorstellung zu verstehen?

NÖHRER: Fast jeder Unternehmer, der sein Lebenswerk an einen externen Käufer verkaufen möchte, hat sehr hohe Preisvorstellungen – egal ob durch unseriöse Berater beeinflusst oder seinem eigenen Empfinden folgend. Fast immer liegen die Wünsche mit etwa 30 bis 50 Prozent über den realistisch am Markt erzielbaren Preisen.

Warum ist das so? Bei den meisten Gesprächen mit Verkäufern höre ich, dass sie ihr Lebenswerk oft durch Verzicht, viel Fleiß und Energie ausgebaut haben. Quasi dieses „Extra" soll nun aus Sicht des Unternehmers abgegolten werden – hier steckt natürlich auch viel Emotionalität drinnen, welche es gilt mit Fingerspitzengefühl in die richtigen Bahnen zu lenken! Was will hingegen ein möglicher Käufer, um angemessen dafür zu bezahlen? Ein intaktes und laufendes Unternehmen mit wenig Risiko – UND er ist nicht bereit, für einen „ideellen Wert" zu bezahlen. Beide Vorstellungen kann im besten Fall ein guter Berater auf einen Nenner bringen!

GMEINER: Gibt es etwas, das man beachten muss, wenn das Unternehmen über Immobilien verfügt?

NÖHRER: Weist das Betriebsvermögen des Transaktionsobjekts auch eine oder mehrere Immobilien auf, dann kann dies durchaus zu einer Reduktion der Nachfrage von geeigneten Käufern führen.

Warum ist das so? Mögliche Unternehmenskäufer haben vorrangig Interesse am operativen Geschäft eines Unternehmens, die Investition in eine zusätzliche Immobilie wird von Investoren meistens separat betrachtet und ist selten erwünscht. Die Ausnahme bilden Immobilien, die beispielsweise absolut betriebsnotwendig sind oder deren Standort für den Erfolg des Unternehmens essentiell ist.

Schwierig wird ein Verkauf jedoch, wenn der Verkehrswert der Immobilie den größten Teil der gesamten Transaktionssumme ausmacht. Hier kann die Vermietung oder Verpachtung der Immobilie mit einem langfristigen Mietvertrag die Lösung darstellen oder man verkauft diese generell an einen separaten Investor, welchem man mit dem Unternehmenskäufer gleich einen langfristigen Mieter liefert.

Vertraulichkeit vs. Offenheit gegenüber den Mitarbeitern

GMEINER: Wenn ein Unternehmer sein Unternehmen verkaufen möchte: Wie liberal und offen sollte er gegenüber den Mitarbeitern sein? Was ist kontraproduktiv?

NÖHRER: Wir haben ja schon kurz darüber gesprochen. Die Wahrung der Vertraulichkeit ist oberste Priorität, wenn ein Unternehmer seinen Betrieb verkaufen will. Das gilt in jeder Hinsicht: gegenüber dem Markt und intern.

Das hat einen einfachen Grund. Durch die Information, dass das Unternehmen verkauft werden soll, entstehen Unsicherheiten. Das kann einen immensen Schaden anrichten, der sich im Endeffekt in den Zahlen des Unternehmens bzw. in weiterer Folge auf den Verkaufserlös niederschlägt.

Nach außen hin sollte man mit dem Berater eine anonyme Ansprache potentieller Käufer starten. Es ist wichtig, das Risiko durch geschäftsbeeinträchtigende Faktoren wie z.B. den Verlust von wichtigen Mitarbeitern, Kunden oder Lieferanten zu minimieren. Ich empfehle daher gerade für die ersten beiden Phasen des Verkaufsprozesses immer auch den Einsatz eines Beraters, der die Regeln und eine geeignete Kommunikation zur Wahrung der absoluten Vertraulichkeit beherrscht und umsetzt.

Nach innen hin ist gemeinsam mit dem Berater zu überlegen, wie und vor allem wann man es den Mitarbeitern schonend beibringen kann („strategische Partnersuche" am Anfang und erst später das finale Ergebnis kommunizieren!).

Schon gewusst? *Vertraulichkeit und Diskretion haben oberste Priorität, wenn ein Unternehmer einen Nachfolger für sein Unternehmen sucht. Das gilt sowohl intern als auch in der Kommunikation nach außen.*

NÖHRER: Für den potentiellen Käufer ist es natürlich von großem Interesse, dass die Mitarbeiter auch nach dem Verkauf motiviert und im Unternehmen bleiben und das möchte er im besten Fall noch vor Vertragsunterzeichnung persönlich mit den Schlüsselmitarbeitern abklären.

NÖRÖ-TIPP

Binden Sie die Mitarbeiter dann in den Verkauf ein, wenn die Umsetzungswahrscheinlichkeit als sehr hoch zu betrachten ist.

Meist müssen gewisse Mitarbeiter bereits im Rahmen einer Due Diligence eingebunden werden. Bestenfalls klärt man diese heikle Thematik mit dem Kaufinteressenten ab und legt gemeinsam eine für alle akzeptable Vorgehensweise fest!

Vertraulichkeit vs. Offenheit gegenüber den Mitarbeitern

Die Wahrung der Vertraulichkeit kann mit wenigen Maßnahmen erreicht werden:

- *Ausdrückliche Freigabe der Kaufinteressenten durch den Verkäufer*
- *Direkte Kontaktherstellung mit potentiellen Kaufinteressenten ausschließlich durch den Transaktionsberater mittels anonymem Firmenprofil*
- *Prüfung der Ernsthaftigkeit des potentiellen Käufers und Unterzeichnung einer Vertraulichkeitserklärung durch diesen*
- *Dokumentation aller an den Interessenten übergebenen Unterlagen mit entsprechendem Dokumentennachweis durch den Transaktionsberater*
- *Einholung eines Bonitäts- und/oder Kapitalnachweises in Verbindung mit einem unverbindlichen Angebot des potentiellen Käufers*

Eine der wichtigsten Aufgaben des Transaktionsberaters ist die strikte Wahrung der Vertraulichkeit und der Aufbau einer Vertrauensbasis zwischen Käufer und Verkäufer. Ein Berater, der seine Erfahrung gekonnt einsetzt und sein Handwerk versteht, ist auch sein Geld wert!

GMEINER: Gibt es grundsätzliche Bereiche, wo im Kontext eines Übergabeprozesses häufig Probleme mit Mitarbeitern auftreten? Wo ist am meisten Vorsicht geboten?

NÖHRER: Am heikelsten ist, wenn der Mitarbeiter sagt: „Ich habe Angst vor dem, was kommt. Ich suche mir einen neuen Job."

GMEINER: Die Jobsuche des Mitarbeiters zieht dann natürlich weite Kreise. Dieser Mitarbeiter sucht einen Job bei der Konkurrenz ...

NÖHRER: ... und dann wird der Konkurrenz rasch klar, dass das Unternehmen verkauft werden will. Die Konkurrenz wendet sich sofort an die Kunden des Unternehmens, das verkauft werden soll, und wird sagen: „Der will verkaufen, da stimmt etwas nicht. Kommen Sie zu mir."

Die Vertraulichkeit extern und intern muss so lange wie möglich gewahrt werden. Der beste Zeitpunkt, um alle Mitarbeiter zu informieren, ist der Zeitpunkt kurz bevor wirklich klar ist, dass man verkauft. Das heißt, wenn man mit einem Interessenten kurz vor Vertragsunterzeichnung steht, sollte man es den Mitarbeitern sagen und ihnen auch den neuen Eigentümer vorstellen. Der neue Eigentümer sollte auch sich selbst präsentieren und thematisieren, was er in Zukunft mit dem Betrieb vorhat, um so Ängsten oder Unsicherheiten der Mitarbeiter entgegenwirken zu können.

Beispielswiese spricht man bei den Mitarbeitern ihre Sorgen direkt an und gibt ihnen zu verstehen, dass ihre Jobs gesichert sind – nach dem Motto: „Wir packen alle gemeinsam an und bringen diese Firma ins nächste Jahrhundert!"

Der Übernehmer sollte vor allem Einzelgespräche mit Schlüsselmitarbeitern führen, um ihnen zu vermitteln, dass sie für den neuen Eigentümer genauso wichtig sind wie für den ehemaligen Gesellschafter.

Alle Themen sind mit Vorsicht zu behandeln und man sollte sehr überlegt vorgehen bzw. auch das notwendige menschliche Fingerspitzengefühl an den Tag legen. Da ist der Berater wirklich extrem wichtig, weil er diese anonyme Kontaktherstellung mit dem Käufer bieten und in der Kommunikation mit den Mitarbeitern eine professionelle Schiene fahren kann. Ich kann nur empfehlen, alles über den Berater zu spielen, der das professionell, anonym und sehr vertraulich abwickelt und sich immer in Rücksprache mit dem Gesellschafter abstimmt. Ein guter Berater gibt niemals Informationen heraus, die nicht mit dem Gesellschafter abgesprochen sind.

Sie möchten meine Unterstützung beim Verkaufsprozess?

Wollen Sie von meiner jahrelangen Erfahrung bei Unternehmenstransaktionen und meinem ausgezeichneten nationalen und internationalen Netzwerk persönlich profitieren?

Kontaktieren Sie mich für ein vertrauliches Erstgespräch!

dn@panthera.co.at, www.panthera.co.at

Gebot 4

Du sollst Dir Gedanken über den Wert Deines Lebenswerks machen

„Man lässt sich gewöhnlich lieber durch Gründe überzeugen,
die man selbst gefunden hat,
als durch solche, die anderen in den Sinn gekommen sind."
(Blaise Pascal)

Wie erziele ich den besten Preis für mein Unternehmen?

GMEINER: Wie kann ich den besten Preis für mein Unternehmen erzielen?

NÖHRER: Die Frage, wie man den besten Preis erzielt, korreliert mit den bereits besprochenen Fragen: „Wann verkaufe ich?" und „Ist mein Unternehmen übergabefit?"

GMEINER: Letzteres ist ein wirklich wichtiger Punkt. Ich glaube nicht, dass viele Unternehmer auch nur ansatzweise daran denken, ihr Unternehmen aufzupolieren, bevor sie es übergeben.

NÖHRER: Das stimmt. Als Beraterin kläre ich zu Beginn jedes Nachfolgeprojektes mit dem Unternehmer ab, wohin die Reise nach dem Verkauf gehen soll. Ich schaue mir mit ihm gemeinsam seine Unternehmenszahlen und die Potentiale an und stimme mit ihm im Zuge von Wertüberlegungen – die an die aktuellen Marktgeschehnisse und Bewertungen, welche in der relevanten Branche innerhalb der letzten zwei Jahre erzielt wurden bzw. für die kommenden zwei Jahre geplant werden – eine realistische Preisbandbreite ab.

Dabei wird auch rasch klar, ob es günstiger ist, jetzt oder später mit dem Verkaufsprozess zu starten.

Schließlich ist die Übergabefitness eine wesentliche Frage: Woran mangelt es noch? Was sollte man noch verbessern, damit der Unternehmenspreis maximiert werden kann?

Wenn Sie Ihr Unternehmen übergeben wollen, dann ist neben dem richtigen Zeitpunkt auch die Frage entscheidend:

Ist mein Unternehmen übergabefit?

Überlegen Sie, was Sie in Ihrem Betrieb verbessern können – am besten gemeinsam mit Ihrem Transaktionsberater. Denn auf diese Weise können Sie den Unternehmenspreis maximieren!

GMEINER: Sehen Unternehmer den Wert ihrer Produkte, sprich ihrer Marke oder ihrer Lizenzen, oder sehen sie nur den Umsatz als Indikator für den Verkaufserlös?

NÖHRER: Es gibt durchaus immer wieder Marken, die am Markt etabliert sind, die jeder kennt, die für Qualität stehen oder für eine Kindheitserinnerung – habe ich so eine Marke, dann besteht immer das Potential, für diese einen höheren Kaufpreis zu erzielen. Gerade chinesische Käufer sind hier immer gerne als Interessenten anzutreffen!

GMEINER: Falls der Unternehmer kein Bewusstsein für den Wert seiner Marke hat, bringen Sie ihn auf die Idee, dass er seine Marke, Lizenzen, Patente zu Geld machen kann?

NÖHRER: Wenn es realistisch möglich ist, ja. Es wird nach allen Unternehmenswerten im Unternehmen geforscht, die werterhöhend sein können.

Sie möchten ein Screening Ihres Unternehmens?
Kontaktieren Sie mich für ein vertrauliches Erstgespräch!
dn@panthera.co.at, www.panthera.co.at

Machen Unternehmensbewertungen Sinn?

GMEINER: Machen Bewertungen Sinn? Und hält sich ein Käufer dann an den im Gutachten errechneten Unternehmenswert?

NÖHRER: Bei der Unternehmensbewertung[6] bzw. Preisfindung im Zuge eines Verkaufs prallen ja zwei verschiedene Sichtweisen aufeinander: Einerseits hat der Übergeber einen Wert für sein Lebenswerk im Kopf, welcher nicht nur die Sachwerte heranzieht, sondern zumeist auch geleistete Arbeitszeit, sein Netzwerk und „Herzblut" berücksichtigt. Andererseits hat der potentielle Käufer einen Wert für das Unternehmen errechnet, welcher hauptsächlich auf mögliche Erträge abzielt, die mit dem Unternehmen zu erreichen sind, und auch mit den Ergebnissen der Due-Diligence-Prüfung zusammenhängt.

Je nachdem, von welcher Seite man es also betrachtet, wird der Unternehmenswert variieren. Der finale Kauf- bzw. Verkaufspreis kann also nur aus den Verhandlungen zwischen Käufer und Verkäufer entstehen und ergibt sich nicht aus einem Bewertungsgutachten.

Vorweg ein paar Grundsätze: Der Wert eines Unternehmens bestimmt sich aus den zukünftig frei verfügbaren Rückflüssen an die Kapitalgeber. In der Praxis sind dazu drei grundsätzlich verschiedene Bewertungsansätze gebräuchlich.

Die Ertragswertmethode zielt direkt auf die Beurteilung der Überschüsse, Marktwerte orientieren sich an erzielbaren Marktpreisen und die Substanz-

---

[6] Vgl. G. Mandl, K. Rabel: Unternehmensbewertung: Eine praxisorientierte Einführung. 2. Auflage, 2002

wertmethode (auch Liquidationswertmethode genannt) zeigt entweder den Zeitwert des investierten Kapitals auf oder soll die Frage klären, welchen Nettoerlös eine geordnete Veräußerung der einzelnen Aktiven einbringen würde.

Alle drei Methoden haben Vor- und Nachteile, weshalb es Sinn macht, alle drei Bewertungsansätze zu verfolgen und im Zuge einer Interpretation der Ergebnisse mit Quervergleichen zwischen den einzelnen Methoden eine schlüssige Wertbandbreite zu ermitteln, welche man wiederum als Basis für eine Preisbestimmung ansetzen kann. Dies lässt sich aber nicht einfach so aus dem Ärmel schütteln und sollte fachgerecht vom Experten erstellt werden – unter Berücksichtigung des entsprechenden Zeitaufwands und Kosten dafür.

Von vielen Beratern wird gerne nur das Ertragswertverfahren angewendet. Dabei wird auf der Basis einer geplanten Gewinn- und Verlustrechnung und mittels der Abzinsung der daraus errechneten zukünftigen Ertragsüberschüsse der Wert des Eigenkapitals zum Bewertungsstichtag berechnet. Es wird somit davon ausgegangen, dass sich der Unternehmenswert hauptsächlich aus dem Potential, zukünftig Gewinne zu erwirtschaften, ergibt.

Diese Berechnung kann man allerdings stark beeinflussen, denn es kommt zum Beispiel darauf an, welchen Zinssatz oder welche Laufzeiten man verwendet. Es kommt auch darauf an, ob es sich um ein großes oder um ein kleines Unternehmen handelt und ob man auf Basis dessen Abschläge oder Zuschläge verrechnet – das macht nahezu jeder Unternehmensbewerter anders. Man kann also an vielen Rädchen drehen, sodass man am Ende den Wert des Unternehmens erhält, den man sich wünscht.

GMEINER: Gibt es eine Bewertungsmethode, die am ehesten Sinn macht, ohne dass man alle drei Methoden verfolgen und auch hier ein entsprechendes Honorar einplanen muss?

NÖHRER: Aus meiner Sicht ja. Um eine ungefähre Idee zu bekommen, was momentan am Markt für ein Unternehmen in meiner Größe und Branche bezahlt wird, verwende ich in erster Linie die Multiplikatoren-Methode, die die relevante Branche bzw. Werte von Unternehmen („Marktwert") daraus widerspiegelt.

Zur Berechnung von Multiples wird eine Unternehmenskennzahl ins Verhältnis zum Unternehmenswert gesetzt (z.B.: Umsatz, EBITDA, EBIT, Gewinn oder aber auch ganz branchenspezifische Kennzahlen). Der Unternehmenswert lässt sich so anhand von Börsenkursen (Verhältniszahlen, die auf Kursen von börsennotierten Unternehmen basieren) oder von publizierten M&A-Transaktionen (Verhältniszahlen, die von effektiven Preisen von Unternehmenskäufen stammen) ableiten.

Wichtig ist dabei klarzustellen, von WELCHEM Unternehmenswert man spricht! Ich gehe in der Regel vom sogenannten „Equity Value" aus, welcher zuzüglich Finanzschulden und abzüglich nicht betrieblicher Vermögenswerte (liquide Mittel) angegeben wird. Diese Information ist essentiell – unterschiedliche Finanzierungs- und Vermögensstrukturen vom Vergleichs- und Bewertungsobjekt müssen fachgerecht miteinbezogen werden, da es sonst zu fehlerhaften Ergebnissen kommt, welche nicht als Basis für eine Kaufpreisbandbreite dienen können.

Sie möchten wissen, welche Multiplikatoren in Ihrer Branche ausschlaggebend sind?
Kontaktieren Sie mich für ein vertrauliches Erstgespräch!
dn@panthera.co.at, www.panthera.co.at

GMEINER: Wie bestimmen Sie die Wertbandbreite des Unternehmens Ihrer Kunden?

NÖHRER: Bei meinen Überlegungen fließen immer drei Komponenten ein: 1. Multiplikatoren, 2. Geschäftsmodell und aktueller Stand der Übergabefitness, 3. Marktlage.

Die Multiplikatoren habe ich soeben kurz beschrieben.

Beim Geschäftsmodell geht es darum zu schauen, in welcher Phase des Unternehmenszyklus sich das Unternehmen gerade befindet und ob Maßnahmen notwendig sind, um es übergabefit zu machen. Wie läuft das aktuelle Geschäftsmodell, wie sieht es mit Investitionen aus, betreibt man Innovationsmanagement?

Bei der Marktlage wird sowohl die Branche als auch die globale Lage am Aktienmarkt herangezogen. Auf dieser Basis kann man eine realistische Wertbandbreite ganz gut kalkulieren – ob der tatsächliche Preis dann am oberen oder unteren Ende liegt, ist von Interessent zu Interessent bzw. deren Strategieüberlegungen mit dem Unternehmen verschieden und daher können seriös immer nur Wertüberlegungen aber nicht das Feststellen einer genauen Zahl als Wert für ein Unternehmen angestellt werden.

GMEINER: Was muss man bei den vorhin angesprochenen Verhandlungen beachten – wie kann ich hier den Preis für mein Unternehmen noch beeinflussen? Oder liegt alles in der Vorbereitung?

NÖHRER: Wir haben ja im vorherigen Kapitel bereits diverse Stolpersteine dargestellt und eines der wichtigsten Themen ist dabei sicherlich das nötige

Vertrauen, welches zwischen dem Übergeber und der kaufenden Seite aufgebaut werden sollte.

Von Seiten des Kaufinteressenten herrscht immer ein gewisses Maß an Unsicherheit und Misstrauen, welches im Rahmen von Gesprächen abgebaut und in Vertrauen umgewandelt werden muss. Schafft das die Verkäuferseite nicht, scheitert der Verkaufsprozess mit einer hohen Wahrscheinlichkeit. Aus Erfahrung kann ich nur empfehlen, in jeder Phase des Prozesses sowie bei jedem Gespräch mit dem Kaufinteressenten ruhig zu bleiben und auf oftmaliges Nachfragen durch diesen nicht ungehalten zu reagieren und alle Fragen so ausführlich und wahrheitsgetreu wie möglich zu beantworten.

NÖRÖ-TIPP

Bleiben Sie gelassen und antworten Sie ausführlich und wahrheitsgetreu auf alle Fragen des potentiellen Käufers!

Nur wenn es gelingt, bei diesem das nötige Vertrauen aufzubauen, ist die Wahrscheinlichkeit hoch, sein Unternehmen erfolgreich zu verkaufen.

RÖTZER: Warum hat der Unternehmer eigentlich die Tendenz, den Marktwert seines Unternehmens höher einzuschätzen als der Markt? Hat das psychologische Gründe oder ist er einfach gierig?

NÖHRER: Abgesehen von den vorhin beschriebenen Faktoren bzw. der Sichtweise des Unternehmens auf den Wert seiner Firma erlebe ich oft, dass viele Unternehmer, gerade wenn es auf die Nachfolge zugeht, in der Vergangenheit leben. Ich würde sagen, schätzungsweise 80 Prozent der Unternehmer sagen: „Aber vor zehn Jahren hatte ich wesentlich höhere Umsätze, das Potential ist vorhanden ..." Das ist dann der Fall, wenn sich das Unternehmen am Ende der Reifephase oder bereits in der Schrumpfungsphase befindet. Das heißt, Unternehmer verkaufen nicht dann, wenn es aufgrund der Unternehmensentwicklung sinnvoll ist, sondern weil sie ihr eigenes Pensionsalter als Kriterium ansetzen.

Dazu kommt oft, dass sie gegen Ende hin den Drive verlieren, weil sie kurz vor der Pensionierung meinen, die Firma läuft ohnehin von selbst. Die Familie und die Enkel oder die Freizeit werden ihnen wichtiger als die Firma, was zwar legitim aber für einen guten Preis schlecht ist. Sie halten sozusagen nur noch bis zur Pension durch.

Auch der bereits mehrmals angesprochene Punkt des „ideellen Werts" des Lebenswerks führt häufig zu sehr unterschiedlichen Preisvorstellungen und zum Scheitern des Verkaufsprozesses.

Für viele Unternehmer stellt der Verkauf ihres Unternehmens einen großen Teil der Altersvorsorge dar und oft hängt auch das private Umfeld des Übergebers finanziell vom Unternehmen ab. Die Gefahr, dass diese Einnahmen beim Verkauf an einen externen Käufer wegfallen, besteht natürlich. So habe ich nicht nur einmal den Fall erlebt, dass sich der Unternehmer aus diesen Gründen einen Verkauf seines Lebenswerks zu einem realistischen Preis gar nicht leisten kann.

Gerade deshalb ist eine rechtzeitige Planung der Nachfolge essentiell! So kann man den Unternehmenswert fristgerecht steigern und muss nicht auf ein Luftschloss bauen.

Sie möchten meine Einschätzung zum Wert Ihres Lebenswerks?
Kontaktieren Sie mich für ein vertrauliches Erstgespräch!
dn@panthera.co.at, www.panthera.co.at

Gebot 5

Du sollst im Fall der (Insolvenz-) Fälle schnell reagieren

*„Es kommt nicht darauf an,
mit dem Kopf durch die Wand zu rennen,
sondern mit den Augen die Tür zu finden."
(Werner von Siemens)*

Was tun, wenn ich den richtigen Zeitpunkt für eine Übergabe verpasst habe und in die Insolvenz schlittere?

GMEINER: Wie funktioniert das mit der Übergabe, wenn ich in die Insolvenz schlittere, weil ich den richtigen Zeitpunkt der Übergabe verpasst habe?

NÖHRER: Leider sehe ich das gar nicht so selten. Da gibt es zwei Fälle.

Entweder beginnt der Unternehmer zu spät mit dem Verkaufsprozess, weil er glaubt, bis zum Pensionsalter arbeiten zu müssen und erst dann das Unternehmen verkaufen zu können. Er übersieht dabei rasch die immer weiter wachsenden Verluste, den Investitionsstau und sonstige nicht optimale Themen im Unternehmen und realisiert dabei nicht, dass er schon seit Jahren in der Schrumpfungsphase bzw. einer Spirale, die sich unaufhörlich nach unten dreht, steckt.

Oder dieser Fall tritt ein, weil nicht geeignete Nachfolger (beispielsweise schon vor der Übergabe) ins Unternehmen gesetzt oder gezwungen wurden und diese mangels Interesse, Leidenschaft, Motivation, Wissen oder Erfahrung den Betrieb runterwirtschaften.

GMEINER: Die eine Generation baut das Unternehmen auf und die nächste Generation verprasst es?

NÖHRER: Ja, so kann man es auch formulieren. Deshalb ist es wirklich wichtig, sich frühzeitig zu überlegen, an wen man übergibt und wie das eigene Lebenswerk erfolgreich, auch als sicherer Arbeitgeber für meine Mitarbeiter, weiterbestehen kann. Wollen meine Kinder das wirklich? Wenn sie es nicht wollen und auch kein Mitarbeiter Interesse hat, dann suche ich mir vielleicht einen externen Käufer. Das ist eben die Verantwortung, die alle Unternehmer tragen! An jedem Unternehmer hängt ja nicht nur er selbst mit seiner eigenen Familie, die meistens zur Gänze davon lebt, sondern auch die Mitarbeiter, und bei jedem Mitarbeiter kann man noch einmal zwei Personen dazu zählen. Das darf man nicht vergessen.

GMEINER: Was macht man im Fall der Insolvenz?

NÖHRER: Wenn das Unternehmen in eine echte Krise schlittert, muss man das als Management bzw. geschäftsführender Gesellschafter relativ zügig aufzeigen und sagen: „Entschuldigung, da läuft etwas total schief. Wir melden die Insolvenz an und arbeiten diese nach Möglichkeit in Eigenverwaltung ab oder ein Insolvenzverwalter übernimmt die Geschäfte."[7]

---

[7] https://www.wko.at/service/wirtschaftsrecht-gewerberecht/insolvenzrecht.html

NÖHRER: Zielt das Unternehmen auf eine Krise zu, man „muss" aus rechtlicher Sicht aber noch nicht Insolvenz anmelden und möchte versuchen diese abzuwenden, dann gibt es die Möglichkeit, alles im Schnellverfahren zu verkaufen.

Wenn es aus Gründen einer drohenden Insolvenz zu einem Verkauf kommt, wird vom Käufer meistens der Asset Deal bevorzugt. Bei einem Asset Deal geht es darum, die guten Assets zu verkaufen, z.B. das Anlagevermögen, die Maschinen, das Grundstück usw.

Beim Asset Deal besteht der Vorteil für den Verkäufer darin, dass er mit den Verkaufserlösen allfällige Schulden tilgen kann. Der Vorteil für den Käufer liegt darin, dass er keine Altlasten, Haftungen oder Garantien mit übernimmt.

Bei einem Share Deal ist das anders, da übernimmt der Käufer alle Garantien und Haftungen, denn er übernimmt das Unternehmen so, wie es ist. Natürlich hat man hier aber als Übergeber kaum noch Chancen, einen entsprechenden Preis für sein Lebenswerk und damit eine entsprechende Absicherung für die Pension zu erzielen. Das erlebe ich immer wieder und ist sehr bitter.

Ein einfacher Vergleich macht den Unterschied von Asset Deal und Share Deal sehr deutlich. Stellen Sie sich vor, Sie kaufen in einem Geschäft ein, suchen sich Waren aus, legen diese in den Einkaufskorb und bezahlen an der Kassa. Das ist ein Asset Deal. Wenn Sie aber das ganze Geschäft kaufen, mit allen Waren und was sonst noch dazugehört, dann nennt man das einen Share Deal.

GMEINER: Machen Sie auch Asset Deals in Ihrer Tätigkeit als Transaktionsberaterin?

NÖHRER: Ja, das kommt manchmal bei „normalen" Transaktionen vor. Hauptsächlich begegnen mir Asset Deals aber beim Unternehmensverkauf in Schieflage oder aus der „Masse" im Zuge einer Insolvenz, denn ich begleite auch regelmäßig Insolvenzverwalter als Transaktionsexpertin. Da gilt es allerdings einen wesentlich strafferen Zeitplan einzuhalten, denn es muss innerhalb von drei Monaten ein Käufer gefunden werden.

GMEINER: Wie oft kommt es eigentlich vor, dass Sie zum Unternehmer zum Gespräch kommen, weil er sein Unternehmen verkaufen möchte, es stellt sich dann aber heraus, dass er kurz vor der Insolvenz steht?

NÖHRER: Bei etwa jeder fünften Transaktion, die ich begleite, stellt sich heraus, dass die Lage des Unternehmens wirklich kritisch ist.

GMEINER: Welche Gründe hat das? Will der Unternehmer das nicht wahrhaben?

NÖHRER: Der Unternehmer selbst bemerkt oft gar nicht, in welcher Lage sich das Unternehmen befindet (oder will es auch gar nicht wahrhaben), und ich als Transaktionsberaterin kann die Situation beim Erstgespräch meist auch noch nicht richtig einschätzen. Erst wenn ich tiefer in das Thema einsteige und mich im Zuge der Vorbereitungsphase ernsthaft mit den Finanzzahlen und dem aktuellen Geschäftsverlauf bzw. -modell meines Kunden beschäftige, kann ich eine klare Meinung dazu abgeben bzw. entsprechende Schritte vorschlagen.

GMEINER: Heißt das, im Erstgespräch wird alles beschönigt?

NÖHRER: Ja, im Erstgespräch vermitteln die Unternehmer meist das Bild, dass alles im Unternehmen super läuft. Vielleicht auch gar nicht immer mit Absicht, sondern weil man Scheuklappen aufhat oder man schon betriebsblind ist! Erst in der Vorbereitungsphase oder im Rahmen eines möglichen Erst-Checks kann man feststellen, wie es tatsächlich um das Unternehmen steht. Ein Erst-Check kann beispielsweise ein 2-Tages-Workshop sein, bei dem man die Lage des Unternehmens unter die Lupe nimmt und darauf aufbauend die nächsten Schritte plant und umsetzt.

Sie möchten meine Expertise zum Thema Insolvenz?
Kontaktieren Sie mich für ein vertrauliches Erstgespräch!
dn@panthera.co.at, www.panthera.co.at

Weitere Tipps und regelmäßige Updates zu diesem Buch erhalten Sie auf der Homepage unter
www.erfolgreiche-unternehmensnachfolge.com
Ihre Beratungs-Gutscheine im Wert von 2 x 500 Euro liegen bereit!

KAPITEL II –
Übergabefit sein!

"Imagine yourself taking a potential buyer through your business, explaining each component and how it works with every other component. Imagine yourself introducing the potential buyer of your business to your people, and standing by while they proudly explain their accountabilities to the fascinated stranger. Imagine how impressed the potential buyer of your business would be upon being presented with such order, such predictability, such irreproachable control."
(Michael Gerber, The E-Myth Revisited)

Wie Sie den Wert Ihres Unternehmens erhöhen – auch wenn Sie nicht verkaufen wollen

Ob Sie Ihr Unternehmen bald verkaufen oder für immer behalten wollen, der ultimative Lackmus-Test zu jedem Unternehmen stellt die einfache Frage: Würde jemand Ihr Geschäft kaufen wollen – und wenn ja, zu welchem Preis?

Viele Unternehmensübergaben scheitern, manche davon spektakulär und es wird in den Medien darüber berichtet. Die meisten aber scheitern leise und unbemerkt von der Öffentlichkeit und bevor es überhaupt zu einer Angebotslegung durch einen potentiellen Käufer kommt. Es findet sich kein Interessent oder er ist mit dem, was er vorfindet, unzufrieden und will in keinen mühsamen Verkaufsprozess einsteigen.

Wie so oft im Leben ist der erste Eindruck auch bei einem Unternehmensverkauf von großer Wichtigkeit. Es gibt keine zweite Chance für einen guten ersten Eindruck. Schließlich möchte man ja auch den potentiellen Käufer dazu motivieren, einen beträchtlichen Teil seines Vermögens in das Unternehmen zu investieren.

Haben Sie schon von der *„Leaky-Bucket-Analogie"* gehört? Stellen Sie sich Ihr Unternehmen als einen Eimer vor, wie ihn vielleicht die Alchemisten früher verwendet haben. In diesem Eimer werden alle Rohstoffe zusammengefügt und Wertschöpfung „passiert" – also Produkte entstehen oder Dienstleistungen werden entwickelt und verkauft.

Quelle: Dreamstime

Viele Unternehmer sind nur damit beschäftigt den Eimer nachzufüllen. Sie stecken immer mehr an Ressourcen, wie Geld, Zeit, neue Kunden, Arbeitskraft, Ideen hinein und übersehen, dass der Eimer Löcher hat. Um die gewünschten Ergebnisse zu erreichen, müssen Sie aber zuerst die Löcher stopfen.

Klingt doch logisch, oder?

Solche Löcher sind zum Beispiel, wenn es keinen standardisierten Verkaufsprozess gibt, oder wenn die Wirksamkeit der Werbeausgaben nicht gemessen wird.

Löcher entstehen auch in Systemen, die von einzelnen Mitarbeitern abhängig sind und die nicht mehr funktionieren, sobald diese Mitarbeiter krank sind oder das Unternehmen verlassen.

Als Investor oder Käufer eines Unternehmens hingegen freue ich mich, wenn ich ein Unternehmen mit einem attraktiven Geschäftsmodell finde, das viele „Löcher" aufweist. Solche Unternehmen sind viel billiger zu kaufen und leicht zu sanieren, man muss nur die Löcher stopfen.

Als Verkäufer werden Sie enttäuscht sein, weil Sie nicht den erwarteten Preis bekommen. Und Sie werden sich ärgern, wenn Sie erfahren, dass Sie mit etwas Vorbereitung in den Verkaufsprozess den Eimer auch selber abdichten hätten können.

Die wenigsten Unternehmer werden morgens aufwachen und sich fragen, welchen Wert ihr Unternehmen hat und wie viel Geld sie dafür bekommen würden. Es ist trotzdem notwendig, sich einmal pro Jahr mit der Frage zu beschäftigen, was das eigene Unternehmen eigentlich wert ist.

Ich nenne das den Lackmus-Test. Ob Sie Ihr Unternehmen bald verkaufen oder für immer behalten wollen, der ultimative Lackmus-Test zu jedem Unternehmen stellt die einfache Frage: Würde jemand Ihr Geschäft kaufen wollen – und wenn ja, zu welchem Preis?

Machen Sie den Lackmus-Test für Ihr Unternehmen!

Würde jemand Ihr Geschäft kaufen wollen – wenn ja, zu welchem Preis?

In den kommenden fünf Jahren werden alleine in Österreich 90.000 Unternehmungen einen Nachfolger suchen, das sind 18 % aller Unternehmen. Mehr als ein Fünftel der Inhaber von Einzelfirmen sind älter als 60 Jahre. Das ist auch eine große gesellschaftspolitische Verantwortung für alle Unternehmensinhaber. Eine gelungene Übergabe und solide Weiterentwicklung des Geschäftes sichert Arbeitsplätze und schafft neue. Eine schlecht vorbereitete Nachfolge stürzt das Unternehmen in eine Krise, Arbeitsplätze gehen verloren und im schlimmsten Fall geht das Unternehmen zugrunde.

Zusätzlich nimmt die familieninterne Übergabe sehr stark ab. Mehr als die Hälfte der Betriebe wird schon intern an Mitarbeiter oder extern an fremde Dritte übergeben und nicht mehr an Familienangehörige. Externe sind natürlich viel kritischer in der Beurteilung von Unternehmungen und gehen professioneller an die Aufgabe heran.

Viele KMUs geraten mit der Übergabe in Verzug. Eine Befragung von KfW Research und Creditreform zeigt: Erst bei 42 % der KMUs, deren Übergabe in weniger als drei Jahren stattfinden soll, läuft der Nachfolgeprozess bereits. Zumindest 22 % befinden sich in konkreten Planungen. Doch 25 % haben sich bisher nur informiert und 11 % haben sich noch gar nicht mit dem Thema beschäftigt.[8]

Der demografische Wandel wird zu weiteren spürbaren Reibungsverlusten bei der Unternehmensnachfolge führen: Auf der einen Seite altern die Unternehmer und es gibt Jahr für Jahr mehr KMUs, deren Übergabe kurzfristig ansteht. Auf der anderen Seite fehlen die potentiellen Nachfolger.

Deshalb soll das Unternehmen vor einer Übergabe und vor dem eigentlichen Verkaufsprozess analysiert werden. Wenn ich die Löcher kenne, dann kann ich den Unternehmenswert mit relativ einfachen Stellschrauben – auch kurzfristig – erhöhen. Wenn Sie das in zwei bis drei Jahren Vorbereitungszeit konsequent und geplant machen, dann steigern Sie Ihren Unternehmenswert signifikant und erhöhen Ihre Chancen, einen passenden Käufer für Ihr Lebenswerk zu finden.

Schließlich möchten Sie nicht, dass das eintritt, was Otto Eduard Leopold Fürst von Bismarck so treffend formuliert hat: *„Die erste Generation verdient das Geld, die zweite verwaltet das Vermögen, die dritte studiert Kunstgeschichte und die vierte verkommt vollends."*

In den Geboten 6 bis 10 finden Sie praktische Anregungen, wie Sie Ihre Geschäftsprozesse und Abläufe so gestalten, um den Wert Ihres Unternehmens zu steigern, worauf Käufer besonders achten und wann sie bereit sind, auch mehr zu bezahlen.

Was macht ein Berater, der den Wert von Unternehmen steigert?

Mag. Michael Rötzer ist international erfahrener Geschäftsführer und Berater sowie Gründer von Die Erfolgswerkstatt. Aufbau und Neuausrichtung von Unternehmen in der DACH- & CEE-Region und Russland sind sein Spezialgebiet. Er ist Experte für Marketing und Vertrieb, Neukundengewinnung und Profitabilitätssteigerungen.

---

[8] https://www.kfw.de/PDF/Download-Center/Konzernthemen/Research/PDF-Dokumente-Fokus-Volkswirtschaft/Fokus-Nr.-132-Juli-2016-Nachfolge.pdf

GMEINER: Herr Rötzer, was machen Sie als Berater, der den Wert von Unternehmen steigert?

RÖTZER: Ich unterstütze Firmeninhaber, einen fairen Preis für ihr Unternehmen zu bekommen, indem ich eine umfassende und neutrale Positionsbestimmung vornehme.

Der chinesische General und Philosoph Sunzi (544–496 v. Chr.) sagte: *„Wenn du den Feind und dich selbst kennst, brauchst du den Ausgang von hundert Schlachten nicht zu fürchten. Wenn du dich selbst kennst, doch nicht den Feind, wirst du für jeden Sieg, den du erringst, eine Niederlage erleiden. Wenn du weder den Feind noch dich selbst kennst, wirst du in jeder Schlacht unterliegen."*

Ich schaue mir das Geschäftsmodell an und stelle viele Fragen. Welchen Nutzen stiftet das Unternehmen seinen Kunden? Wie erbringt das Unternehmen diesen Nutzen? Wie verdient das Unternehmen Geld? Wie erfolgreich war es bisher? Wie erfolgreich wird es zukünftig sein?

GMEINER: Warum braucht man dazu einen Berater? Das weiß man doch selbst?

RÖTZER: In der Psychologie kennt man den Begriff „blinder Fleck". Dieser bezeichnet Teile des Ichs, die von der Persönlichkeit nicht wahrgenommen werden. Weist man die Personen darauf hin, dann werden Abwehrmechanismen entwickelt, um sich zu verteidigen. Alle Menschen sind in der Lage, blinde Flecken – möglicherweise situations- und befindlichkeitsabhängig – auszubilden. Die Abwehrmechanismen haben auch eine wertvolle Schutzfunktion für die Psyche und dürfen nicht von vornherein nur negativ bewertet werden.

Ähnliches findet man in Unternehmen vor. Wenn man lange im eigenen Unternehmen arbeitet, wird man eben betriebsblind. Man hat seine blinden Flecken und sieht nicht, wo die Schwächen im eigenen Unternehmen liegen.

Als Berater decke ich behutsam diese blinden Flecken auf und sorge für einen Perspektivenwechsel. Zusammen mit meiner Erfahrung und Expertise aus vielen anderen Branchen, profitiert das Unternehmen von dieser anderen Perspektive enorm. Innerhalb kurzer Zeit erkenne ich Muster, in welchen Bereichen das Unternehmen gut funktioniert und wo es Schwachstellen gibt. Ich kann ganz klar sagen: „Jetzt liegen Sie unter dem Schnitt in Ihrer Branche, aber wenn Sie das und das in Ordnung bringen, dann können Sie den Preis für Ihr Unternehmen anheben." Das ist der Mehrwert, den ich einbringen kann.

GMEINER: Wie läuft es konkret ab, wenn ich Sie als Berater engagiere?

RÖTZER: Das erste Gespräch mit dem Unternehmer ist ein Kennenlerngespräch, in dem man prüft, ob die persönliche Chemie stimmt. Wenn das passt und man sich über eine Zusammenarbeit einig ist, dann kann es auch schon losgehen.

Ich arbeite mit der von mir entwickelten „Business Value Check Liste", in der die 8 wichtigsten Erfolgsfaktoren der Unternehmensbewertung zusammengefasst werden.

Ich lese mich vorab in Verkaufsunterlagen und Marketingunterlagen ein. Wie kommuniziert das Unternehmen mit seinen Kunden? Dann begleite ich Verkäufer und Außendienstmitarbeiter bei Kundenbesuchen. Ich sitze ruhig daneben und beobachte, denn da lernt man sehr viel darüber, wie das Unternehmen funktioniert.

GMEINER: Das finde ich faszinierend, dass Sie mit dem Außendienstmitarbeiter mitfahren. Das ist sehr konkret und handfest. Da kann man wirklich sehen, wie der Mitarbeiter für das Unternehmen auftritt, was er sagt und auch, wie der Kunde reagiert.

RÖTZER: Meine Aufgabe ist es, mögliche Schwachstellen in den einzelnen Funktionsbereichen zu finden und Lösungen vorzuschlagen.

Wenn der Verkaufsprozess einmal begonnen hat, dann ist es bereits zu spät, um korrigierend einzugreifen und Veränderungen vorzunehmen. Potentielle Käufer nutzen natürlich solche Schwachstellen, um den Verkaufspreis erheblich zu drücken oder den Prozess frühzeitig zu beenden, weil die Zukunftsaussichten des Unternehmens zu negativ bewertet werden.

GMEINER: Kann man sagen, dass Sie „die Braut schmücken"?

RÖTZER: Wenn Sie darunter verstehen, dass ich die Stärken eines Unternehmens klar herausarbeiten und die Schwächen lösen oder auf ein erklärbares Ausmaß reduzieren möchte, ja, dann stimmt dieser Vergleich. Vor allem im schon vorher erwähnten Kontext, dass man die eigenen Fehler oft nicht erkennt und sich gegen Änderungen wehrt.

Bitte auch nicht vergessen: Für den Unternehmer, der sein Lebenswerk verkauft und aus diesen Erlösen vielleicht seinen Ruhestand finanzieren muss, ist der Verkaufsprozess ein nervenaufreibendes und einmaliges Erlebnis. Die wenigsten haben Erfahrung im Umgang mit professionell unterstützten Käufern.

GMEINER: Wie viele Tage und Stunden verbringen Sie im Unternehmen oder auch extern mit der Erarbeitung Ihrer Vorschläge und Strategien?

RÖTZER: Das hängt von der Größe des Unternehmens, von der Qualität des vorhandenen Datenmaterials, den vorhandenen Unterlagen und vom Umfang des Auftrags ab.

Um eine bestehende Marketingstrategie zu evaluieren und dazu Perspektiven zu entwickeln, braucht man mindestens fünf Beratungstage. Um eine Vertriebsstrategie zu evaluieren, ebenfalls fünf Beratungstage. Das heißt, für diese beiden Bereiche sind mindestens zehn Beratungstage notwendig – damit sind die Arbeitstage des Beraters gemeint, die sich über mehrere Wochen verteilen können.

Wenn sich das Unternehmen mit diesen Fragen noch nie professionell beschäftigt und nichts dokumentiert hat, dann geht es um einen kompletten Strategieprozess und man muss entsprechend mehr Zeit einplanen.

Ein angenehmer Nebeneffekt der Beratungsleistung für den Unternehmer sind – wie heißt das so schön – Quick-Wins oder Low-Hanging-Fruits, also Aufgaben, die schnell erledigt werden können, da sie einfach und wenig aufwendig sind und schnell zu einem Ergebnis führen.

GMEINER: Wo haben Sie Ihre Erfahrung als Berater gesammelt?

RÖTZER: Kennen Sie den Unterschied zwischen einem Eunuchen und einem Unternehmensberater? Es gibt keinen! Beide wissen, wie es geht. Aber keiner kann es.

Scherz beiseite ... Ich habe keine „Berater-Denke". Ich denke „pragmatisch" und gehe als erfahrener Praktiker in das Unternehmen, so wie ich es über 20 Jahre als Geschäftsführer in unterschiedlichen Ländern, in unterschiedlichen Branchen, in unterschiedlichen Firmen erfolgreich gemacht habe. Dabei sind meine Schwerpunkte die Bereiche Strategieentwicklung und -optimierung, Marketing und Vertrieb.

Fast alle KMUs haben einen regelmäßigen Nachjustierungsbedarf in diesen Bereichen und nutzen nicht ihr mögliches Potential – das bedeutet, dass sie weniger Umsatz erzielen und weniger Kunden gewinnen, als dies mit den schon vorhandenen Ressourcen möglich wäre. Aus meiner praktischen Erfahrung erkenne ich schnell, wo Schwachstellen sind und wie man diese lösen kann.

Sie möchten mehr über mich und meine Arbeit wissen?
Kontaktieren Sie mich – vertraulich und direkt!
michael.roetzer@dieerfolgswerkstatt.com,
www.dieerfolgswerkstatt.com

Gebot 6

Du sollst den Wert Deines Unternehmens steigern

*„Das Ärgerlichste in dieser Welt ist,
dass die Dummen todsicher
und die Intelligenten voller Zweifel sind."
(Bertrand Russell)*

Der Wert eines Unternehmens stellt an sich keinen Unternehmenszweck dar. Dieser wird erst dann wichtig, wenn der Eigentümer oder ein Aktionär verkaufen will oder muss. Der Unternehmenswert ist dann das, was ein Käufer zu einem bestimmten Zeitpunkt bereit ist für das Unternehmen zu bezahlen.

Wie viele Beispiele zeigen, ist eine Unternehmensführung, die auf einen hohen Unternehmenswert ausgerichtet ist, strategisch irreführend und führt das Unternehmen oft in eine falsche Richtung. Es gibt keinen kausalen Zusammenhang zwischen Wert und zukünftigen Erfolgspotentialen.

Ende der 80er Jahre setzte sich leider für börsennotierte Unternehmen die dominierende Auffassung durch, dass ein Unternehmen ausschließlich im Dienste der Shareholder und des Shareholder Value zu steuern sei. Vor dem Hintergrund steigender Börsenkurse und eines langjährigen Bull Market kannten alle Beteiligten nur den Weg nach oben ... dass dies aber nur die halbe Wahrheit darstellt und sich die Börsenkurse auch nach unten bewegen können, hat man sehr schmerzhaft mit dem Beginn der großen „Finanzkrise" im Jahr 2007 kennengelernt.[9]

In der klein- und mittelständisch strukturierten Unternehmenslandschaft in der DACH-Region gehören Unternehmensbewertungen nicht zum Tagesgeschäft des Unternehmers oder der Geschäftsleitung. Unternehmer denken nicht daran, wie viel ihr Betrieb wert ist und welchen Preis sie dafür bekommen könnten. Auch den Kunden ist der Unternehmenswert vollkommen egal, sie kaufen Produkte oder Dienstleistungen.

Unternehmenszweck ist es, den Kunden eine Lösung ihres Problems anzubieten und dies besser oder billiger als die Konkurrenz es kann. Zufriedene und wiederkehrende Kunden sollten im Zentrum aller geschäftlichen Überlegungen stehen.[10]

Diese grundsätzlichen Überlegungen zur Führung von Unternehmungen verschieben sich, sobald der Verkauf des Unternehmens ansteht. Es entsteht ein Spannungsverhältnis zwischen richtiger Führung und der Erzielung eines möglichst hohen Verkaufspreises.

Die Vorbereitung eines Unternehmensverkaufes ist daher nicht nur eine emotionale Zäsur im Leben des bisherigen Eigentümers, sondern auch eine geschäftliche Zäsur. Alles, was bisher in bestem Glauben und oft unter großen Entbehrungen gemacht und erreicht wurde, wird nun kritisch hinterfragt und mit einem €-Zeichen versehen.

---

[9] Vgl. dazu F. Malik, Management, FAZ-Institut für Management, Frankfurt am Main 2005, Seite 140ff
[10] ebenda

Erreichtes, auf das man stolz ist, soll nun vielleicht weniger wert oder nicht mehr zeitgemäß sein. Erkenntnisse, die weh tun. Außenstehende Personen, wie z.B. Berater, erklären dem meist viel älteren Unternehmensgründer, was anders gemacht werden soll und dass der bisherige Pfad verlassen werden muss, um Käufer für die Firma zu finden.

Ich möchte in diesem Kapitel die Bewertung eines Unternehmens in einen größeren Kontext einbinden und verschiedene Perspektiven dazu anbieten.

Beginnen wir mit der Bibel …

Der „**Matthäus-Effekt**" beschreibt ein sehr interessantes Phänomen, das wir schon alle beobachtet haben und spielt dabei auf einen Satz aus dem Matthäusevangelium aus dem Gleichnis von den anvertrauten Talenten an: „Jesus schildert einen Herren, der seine Knechte reich mit finanziellen Mitteln ausstattet, sich dann auf Reisen begibt und nach seiner Rückkehr Abrechnung hält. Die ersten beiden Knechte erwirtschaften Gewinn und werden ihren Leistungen gemäß entlohnt. Das Geld des Letzten hingegen, der aus Angst gar nichts investierte und es stattdessen verbarg, lässt der Herr wegnehmen und spricht es nach dem Grundsatz *,Wer hat, dem wird gegeben werden; wer nicht hat, dem wird genommen werden'* dem Erfolgreichsten zu." [11]

Dieser Effekt beschreibt ein Prinzip, bei dem aktuelle Erfolge mehr durch frühere Erfolge als durch gegenwärtige Leistungen bedingt werden. Erfolge rufen danach immer neue Erfolge hervor.

Begründet ist dies darin, dass Erfolge stärkere Aufmerksamkeiten erzeugen, die wiederum Ressourcen eröffnen, mit denen das Erzielen weiterer Erfolge wahrscheinlicher wird. Kleine Anfangsvorteile zwischen Akteuren können dadurch im Zeitverlauf zu extremen The-Winner-Takes-It-All-Strukturen heranwachsen, bei denen eine sehr kleine Anzahl den Hauptteil aller Erfolge auf sich vereint, während die Mehrheit erfolglos bleibt. [12]

Der Volksmund drückt diese Erkenntnis treffend in folgenden Sprichwörtern aus: „Es regnet immer dorthin, wo es schon nass ist", oder: „Der Teufel scheißt immer auf den größten Haufen". Planen Sie daher Ihre Unternehmensübergabe rechtzeitig und wenn es dem Unternehmen wirtschaftlich gut geht.

---

[11] https://de.wikipedia.org/wiki/Gleichnis_von_den_anvertrauten_Talenten
[12] Mark Lutter: Soziale Strukturen des Erfolgs: Winner-take-all-Prozesse in der Kreativwirtschaft. MPIfG Discussion Paper 12/7. Köln: Max-Planck-Institut für Gesellschaftsforschung, 2012, S. 11.

Ein stark verbreiteter und emotional tief verankerter Glaubenssatz lautet:

„(Aber) mein Geschäft ist anders!"

„Mein Geschäft ist anders." – Hinter diesem Denkfehler verstecken sich viele Unternehmer und weniger erfahrene Führungspersonen und benutzen das Argument als Ausrede, warum etwas nicht gemacht werden kann.

Oft kommt dann noch als erklärende Begründung nachgeschossen: „Das haben wir schon ausprobiert und es hat nicht funktioniert. In unserem Geschäft geht das eben nicht." Fragt man nach, wann es ausprobiert wurde, dann war es so vor ca. 10 Jahren oder waren es 15 oder ist es gar schon 25 Jahre her? Bohrt man weiter, dann erfährt man auch, dass es sich eigentlich um etwas ganz anderes handelte und dass dies auch nur ganz kurz ausprobiert wurde.

Ich vermute zwei wesentliche Gründe für diese Geisteshaltung: a) Bequemlichkeit bzw. Unwilligkeit zur Veränderung (reines Verwalten ist ja viel einfacher) und b) psychologisch gesehen will jeder als etwas „Spezielles" wahrgenommen werden und sieht nur die Besonderheiten in seinem Tun.

Vergessen Sie den Satz: „Mein Geschäft ist anders. Das funktioniert bei mir nicht." Überlegen Sie lieber, wie es funktionieren könnte!

NÖRÖ-TIPP

ALLE Geschäfte haben Folgendes gemeinsam:

- sie haben Kunden, Klienten oder Patienten
- sie müssen regelmäßig Neukunden gewinnen
- sie verkaufen/vermieten ein Produkt oder eine Dienstleistung
- sie müssen diese zu einem bestimmten Zeitpunkt liefern/bereitstellen
- sie müssen einen Gewinn erwirtschaften, um die geschäftliche Entwicklung sicherzustellen und dem Eigentümer eine angemessene Dividende bezahlen zu können

Warum ist das für einen Unternehmensverkauf wichtig zu wissen?

Weil erfahrene Transaktionsexperten keinen großen Unterschied machen, welches Unternehmen sie kaufen oder eben nicht kaufen. Das Set-Up einer Firma wird gesondert beurteilt und ein bestimmter Branchenfaktor kommt erst später dazu.

Die Differenzen zwischen einem Schönheitschirurgen, einem Makler, einem Produktionsbetrieb für Heizungsanlagen oder einem Schuhgeschäft sind weit geringer als allgemein angenommen.

ALLE Unternehmer müssen sich immer wieder dieselben Fragen stellen und im Rahmen einer Due Diligence auch beantworten können:

- Was ist mein Angebot?
- Wodurch unterscheidet sich mein Angebot vom Mitbewerber?
- Wer ist mein idealer Kunde?
- Wie und wo finde ich potentielle Kunden?
- Wie mache ich Interessenten zu Kunden und Kunden zu Stammkunden?
- Wie beliefere ich meine Kunden?
- Wie sieht mein Geschäft im nächsten Jahr, in 3 oder in 5 Jahren aus?

Der von Aloys Gälweiler geprägte Begriff des **„lösungsunabhängig formulierten Kundenproblems"** nimmt hier eine zentrale Stellung ein. Jedes Kundenproblem ist unabhängig von am Markt verfügbaren Produkten und Dienstleistungen zu sehen.[13]

Die grundsätzlichen Bedürfnisse der Konsumenten ändern sich nicht, nur die Lösungsmöglichkeiten diese zu befriedigen. Wir wollen von A nach B kommen oder über die Rufdistanz hinaus mit anderen kommunizieren. Im Laufe der Zeit wurden das Pferd und die Kutsche vom Auto abgelöst, die Festnetztelefonie vom Handy und das Handy vom Smartphone, das Fax von der E-Mail und die E-Mail zunehmend vom Instant Messenger. Ein heute zufriedenstellendes Geschäftsmodell kann morgen schon obsolet sein.

Diese Substitutionsprozesse laufen immer schneller ab, befeuert durch ein rasantes Tempo in der technologischen Entwicklung. Erkannt wurde dies schon von Peter Drucker: „The customer is the business (– not the product)" oder von Fredmund Malik, der das Kunden- oder Anwenderproblem den „archimedischen Punkt" jeder Unternehmensstrategie nennt.[14]

Die Attraktivität Ihres Unternehmens für potentielle Interessenten korreliert in starkem Maße mit der Lösungskompetenz, die Sie Ihren Kunden bieten – heute und zukünftig.

Beantworten Sie oben angeführte Fragen – am besten 1x pro Jahr gemeinsam mit Ihren wichtigsten Mitarbeitern – und halten Sie die Antworten schriftlich fest.

---

[13] Vgl. dazu F. Malik, Management, FAZ-Institut für Management, Frankfurt am Main 2005, S. 169ff

[14] Vgl. dazu F. Malik, Management, FAZ-Institut für Management, Frankfurt am Main 2005, S. 140ff

Ausstiegs-Szenarien bei der Unternehmensübergabe

GMEINER: Welche Ausstiegs-Szenarien aus dem Geschäftsleben gibt es, wenn der Unternehmer sein Unternehmen übergeben will oder muss?

RÖTZER: Jeder Unternehmer kommt zumindest einmal in seinem Leben an den Punkt, an dem er sein Unternehmen übergeben muss, weil er sein Unternehmen nicht mehr weiterführen will oder kann. Vielleicht ist der Grund sein Alter, vielleicht Krankheit, was auch immer. Es ist nie zu früh, sich mit diesem Thema zu beschäftigen. Denn das bietet die Möglichkeit, seine Gedanken dazu in Ruhe zu ordnen und mit einer Planung zu beginnen.

Wie schon in Kapitel I angesprochen gibt es drei Varianten bei einer Übergabe.

Variante 1: Der Unternehmer möchte einen möglichst hohen Verkaufspreis erzielen. Wenn das Unternehmen verkauft wird, dann kann dies der große Zahltag für den Verkäufer sein und er kann sich seine jahrelange unternehmerische Tätigkeit und das damit verbundene Risiko angemessen entlohnen lassen. Mit dem Verkaufserlös möchten viele ihr restliches Leben finanziell sorgenfrei gestalten, ihren Kindern eine gute Ausbildung ermöglichen oder vielleicht ein neues Geschäft, das wieder mehr Freude bereitet, beginnen.

Variante 2: Bei einer familieninternen Übergabe ist es dem Unternehmer oft sehr wichtig, ein gut geführtes Unternehmen zu übergeben, um dem Nachfolger die geschäftliche Basis für eine noch erfolgreichere Zukunft zu ermöglichen. Seine Kinder oder andere Familienmitglieder sollen gut davon leben können.

Variante 3: Muss das Unternehmen schnell und ungewollt, also zum Beispiel bedingt durch Unfall oder Krankheit, abgegeben werden, dann ist die emotionale Belastung am höchsten. Ohne vorbereitete „Exit-Planung" kann dies zu Engpässen und in der Folge zu erheblichen finanziellen Nachteilen führen.

In allen Fällen macht es Sinn, sich frühzeitig und professionell auf eine Firmenübergabe vorzubereiten. Ich empfehle eine solche Planung von Ausstiegs-Szenarien im Rahmen eines Strategieprozesses, den man einmal pro Jahr aufsetzt.

Die Planung unterschiedlicher „Ausstiegs-Szenarien" erfolgt am besten zusammen mit der Erstellung der Firmenstrategie und wird dann in den Folgejahren laufend überprüft und entsprechend aktualisiert.

Sie haben noch keine schriftlich ausgearbeitete Strategie? Dann wird es aber Zeit, damit anzufangen!

Wert und Preis bei Unternehmenstransaktionen

Der Wert und der Preis spielen bei Unternehmenstransaktionen eine wichtige Rolle. Während der Unternehmer einen möglichst hohen *Wert* für sein Geschäft errechnet, will der Käufer einen möglichst geringen *Preis* dafür zahlen.

Es ist wie beim Kauf eines gebrauchten Gegenstandes. Fehlt das Prädikat „gesuchtes Liebhaberstück", so sieht der Käufer jeden noch so kleinen Fehler und der Verkäufer nur die Einzigartigkeit. Erst wenn sich die Preisvorstellungen am Markt annähern, ist ein Deal möglich.

Für börsennotierte Unternehmen ist eine Wertermittlung über die Anzahl der ausgegebenen Aktien multipliziert mit dem Aktienkurs berechenbar, unabhängig davon, ob die Firma fair, unter- oder überbewertet ist. Hier spielen zusätzlich – oft irrationale – psychologische Vorgänge eine wichtige Rolle.

Bei nicht-börsennotierten, eigentümer- und familiengeführten Unternehmen existiert dieser Markt nicht. Zusätzlich schwächen folgende Eigenschaften die Verhandlungsbasis erheblich und erschweren die Preisfindung:

- Es gibt keinen öffentlichen Transaktionsmarkt und die Verkäufe werden sehr diskret durchgeführt.

- Oft ist die Firmenstruktur unübersichtlich und mit dem privaten Vermögen des Eigentümers oder der Familie verflechtet.

- Die Finanz-Kennzahlen sind nicht aussagekräftig, da die Bilanz unter den Gesichtspunkten der Steueroptimierung und Gewinnreduzierung erstellt wurde.

- Dementsprechend gibt es auch kein steuerndes Management-Accounting System oder eine schriftlich ausgearbeitete Strategie, die Orientierung gibt.

- Der Geschäftserfolg ist sehr stark vom operativen Einsatz des Eigentümers und seinen Beziehungen zu Kunden und Lieferanten geprägt.

Die Übergabetauglichkeit von Unternehmen

GMEINER: Wie übergabetauglich sind österreichische Unternehmen allgemein?

RÖTZER: Laut einer Studie des KMU Institutes Austria aus dem Jahr 2014 sind 6 % der Unternehmen betriebswirtschaftlich nicht übergabetauglich, da sie ein zu geringes Eigenkapital haben und die Umsatzrentabilität zu gering ist. Im Tourismus- und Gastgewerbebereich sind beispielsweise etwa 20 % der Unternehmen nicht übergabetauglich.

Im Hinblick auf die Übergabetauglichkeit ist auch die Entwicklungsphase ausschlaggebend, in dem das Unternehmen gerade ist. Viele zur Nachfolge stehende Unternehmen befinden sich in einer Reifephase oder haben diese bereits überschritten und kommen in die Stagnationsphase. Damit verbunden ist eine geringere Wettbewerbsfähigkeit bedingt durch verkrustete Strukturen, geringere Innovations- und Investitionstätigkeit und mangelnde Veränderungsbereitschaft. Dadurch wird eine Übergabe zunehmend schwieriger. Naturgemäß ist die Preisfindung mit fremden Dritten um einiges komplexer als bei einer familieninternen Übergabe.

GMEINER: Gibt es Dinge im Hinblick auf eine Übergabe, die jeder Unternehmer beachten sollte, egal in welcher Branche?

RÖTZER: Ja. Erstens, das laufende Budget und die Budgets der letzten drei Jahre, präzise dokumentiert, mit allen Annahmen, Überlegungen und Abweichungen. Zweitens, eine Planung für die nächsten drei Jahre.

Hierbei nicht vergessen, dass in Budgets immer Geldgrößen abgebildet werden, diesen aber Mengengrößen zugrunde liegen und erklärt werden müssen. Wichtig auch, dass die Budgetpositionen untereinander und im Zeitvergleich in Verhältnis gesetzt werden (ausgedrückt in Prozent), um Muster und Trends besser erkennen zu können.

Entsprechend dem Pareto-Prinzip schaue ich dann auf besonders wichtige Budgetpositionen, die ca. 20 % ausmachen, aber 80 % des Ergebnisses beeinflussen. Ergänzt mit einem umfassenden Überblick zu den Mitarbeitern, zum Produkt-Portfolio, zur Kundenstruktur, zu den Wettbewerbern und den internen Arbeitsabläufen.

NÖRÖ-TIPP

Schon gewusst? In jedem Unternehmen lassen sich fünf bis zehn Kennzahlen identifizieren, die KPIs (Key Performance Indicators) genannt werden und an denen man ablesen kann, wie sich das Geschäft entwickelt.

GMEINER: Geben Sie uns ein paar Beispiele für *KPIs* aus Ihrer Praxis.

RÖTZER: Wenn ich sehe, dass die Anzahl der Verkaufsbesuche der Außendienstmitarbeiter zurückgeht, dann muss ich nachfragen, warum das so ist. Ist jemand ausgefallen? Bin ich unterbesetzt? Sind Kapazitäten woandershin geflossen? Wenn ich weniger Kundenbesuche mache, könnte das in den Folgequartalen weniger Umsatz bedeuten.

Ganz einfache und logische Überlegungen: Von welchen Faktoren hängt mein Geschäft ab?

Ich stelle häufig die Frage nach der Abschlussquote: „Wie viele Verkaufsgespräche führen Sie? Und wie viele davon führen zu einem Auftrag?" Die Antwort lautet meistens: „Keine Ahnung – ganz unterschiedlich." Wenn ich aber weiß, ich hatte in dem Monat 100 qualifizierte Kundenkontakte und davon führten zwei zu einem Abschluss, dann kenne ich meine Abschlussquote. Wenn ich dies über einen längeren Zeitraum beobachte, komme ich über das Gesetz der großen Zahl zu einer realistischen Einschätzung.

GMEINER: Ich habe ein Fallbeispiel dazu. Vor etwa einem Jahr war ich als Werbetherapeut bei einem großen Installateur. Er hatte drei Vertreter, die zum Thema Heizungsmontage etc. unterwegs waren. Zwei Vertreter waren sehr unzufrieden, weil die Abschlussquote nicht mehr so gut war. Dann tauchte die Frage auf, warum das so war.

Beim Gespräch war einer der beiden Chefs anwesend. Dieser warf den Vertretern vor, nicht gut genug zu arbeiten. Insgesamt hatte sich das Geschäft dramatisch verschlechtert. Dann kam der zweite Chef zum Gespräch dazu. Wieder kam die Frage, warum die Geschäfte sich verschlechtert haben.

Ich habe dann gebeten, sie mögen mir ein Angebot geben, wie sie es tatsächlich an Kunden stellen. Einer der nicht so erfolgreichen Vertreter hat mir ein Angebot gegeben. In diesem Angebot gab es zwar eine Auflistung der Posten und Leistungen, aber es stand nur eine einzige Zahl da, wie viel die gesamte Anlage in Summe kostet.

Der zweite Chef hat sofort gefragt, warum da nur eine Variante im Angebot stand. Er macht normalerweise immer zwei: eines in der optimalen Ausführung und eines in der günstigen Variante. Dann hat er eine Abschlussquote von 70 Prozent. Im Gegensatz dazu hatten die Vertreter eine Abschlussquote von nur 20 Prozent.

RÖTZER: Ihr Beispiel zeigt sehr gut, dass scheinbare „Kleinigkeiten" im Geschäftsalltag, also hier *wie* ein Angebot erstellt wird, wichtig sind und den Geschäftserfolg beeinflussen.

Alle Kontaktpunkte zu bestehenden und potentiellen Kunden sollten regelmäßig auf mögliche Verbesserungen hin überprüft werden. Wenn ich bei Kunden bin, dann beobachte ich sehr genau, wo es Nachholbedarf gibt und empfehle sofort umsetzbare Maßnahmen.

NÖRÖ-TIPP

Beantworten Sie sich die Frage: „In welchem Bereich ist meine Firma schlecht aufgestellt und hat Aufholbedarf?" und beraten Sie sich darüber mit einem erfahrenen Experten aus diesem Bereich.

Der externe Blickwinkel hilft neue Perspektiven zu finden. Sie werden überrascht sein, wie schnell sich Lösungen und Ergebnisverbesserungen finden lassen.

GMEINER: Vor allem kleinere Unternehmen tun sich damit viel schwerer.

RÖTZER: Je kleiner das Geschäft, umso mehr dominiert noch die „intuitive Geschäftsführung aus dem Bauch heraus" nach dem Motto: „Eh klar – das haben wir immer schon so gemacht!" Dazu kommt das Argument: „Die Zeit habe ich nicht, ich kann das nicht machen."

Das mag stimmen, aber wenn Sie planen, Ihr Unternehmen zu verkaufen und einen guten Verkaufspreis erzielen wollen, tun Sie sich damit keinen Gefallen. Besser Sie nehmen sich einen Berater und bereiten sich mit ihm vor. Das Argument, dass dies zu teuer ist, stimmt einfach nicht, denn wenn er sich nicht rechnet, ist er ein schlechter Berater. Gute Beratung rechnet sich von alleine. PUNKT!

Sie geben ja Ihren PKW auch regelmäßig zum Service und fahren dadurch sicherer, verlängern die Nutzungsdauer und erzielen einen höheren Preis beim Wiederverkauf.

GMEINER: Eine KFZ-Werkstatt macht das Service für das Auto, der Arzt die Gesundheitsvorsorge und Sie machen quasi das Service für Unternehmen. Was bekommt der Unternehmer, wenn er Sie als Berater engagiert?

RÖTZER: Ich bin der Sparringpartner und suche Antworten auf die Fragen zu: Wie ist der aktuelle Geschäftsverlauf? Wohin soll sich das Geschäft entwickeln? Mit welchen Mitteln und Maßnahmen soll dies erreicht werden?

Ich erarbeite die kritischen Erfolgsfaktoren, die individuell auf sein Unternehmen abgestimmt sind. Diese Erfolgsfaktoren werden mit operativen Kennzahlen hinterlegt und unterstützen den Geschäftsführer in der Steuerung. Er bekommt Frühwarnindikatoren und kann feststellen, ob alles in die richtige Richtung läuft.

GMEINER: Aha, man bekommt wirklich etwas Konkretes von Ihnen. Eine der großen Ängste von Unternehmern in Bezug auf Unternehmensberater ist ja, dass ein Berater erscheint und nur Blabla und viel Papier herauskommt.

RÖTZER: Ich gebe konkrete Handlungsvorschläge, vom Praktiker für den Praktiker, was der Unternehmer machen soll, um seinen Betrieb zu verbessern und somit den Wert des Unternehmens zu steigern.

Kritische Erfolgsfaktoren

GMEINER: Sie haben von kritischen Erfolgsfaktoren gesprochen. Was ist das?

RÖTZER: So wie kein Naturgesetz des Lebenserfolges existiert, gibt es natürlich auch kein Naturgesetz des Unternehmenserfolges. Aber es gibt Faktoren, die den Erfolg wahrscheinlicher machen. Wenn ich diese Faktoren berücksichtige und mich auf sie konzentriere, kann ich dadurch den Wert des Unternehmens erhöhen und mit besseren Verkaufsargumenten die Preisverhandlungen erleichtern.

Sollte dann trotzdem kein Verkauf zustande kommen, so hat man ein übergabefittes Unternehmen, das besser aufgestellt und für die Zukunft besser gerüstet ist.

GMEINER: Welche Faktoren sind die Erfolgsfaktoren?

RÖTZER: Der Wert eines Unternehmens leitet sich grundsätzlich aus den Eigenschaften ab, auch zukünftig zufriedene Kunden zu akquirieren und beliefern zu können und genügend Gewinne für die geschäftliche Weiterentwicklung und für seine Eigentümer zu erzielen. Grundlagen eines solchen Geschäftsmodells sind die folgenden kritischen Erfolgsfaktoren, die in den Geboten 7 bis 10 beschrieben werden.

Sie möchten mit mir gemeinsam erarbeiten, wie Sie den Wert Ihres Unternehmens steigern können?
Kontaktieren Sie mich – vertraulich und direkt!
michael.roetzer@dieerfolgswerkstatt.com,
www.dieerfolgswerkstatt.com

Weitere Tipps und regelmäßige Updates zu diesem Buch erhalten Sie auf der Homepage unter
www.erfolgreiche-unternehmensnachfolge.com
Ihre Beratungs-Gutscheine im Wert von 2 x 500 Euro liegen bereit!

Gebot 7

Du sollst wachsen und gedeihen

*"There is only one boss: the customer.
And he can fire everybody in the company
from chairman on down,
simply by spending his money somewhere else."*
(Sam Walton)

Ihr Wachstumspotential

GMEINER: Unternehmen sollen wachsen und gedeihen – warum ist das ein Erfolgsfaktor?

RÖTZER: Die Umsatzentwicklung und damit verbunden der relative Marktanteil[15] sind Kennzahlen, die sich ein möglicher Unternehmenskäufer sehr genau anschaut. Geht der Umsatz hinauf oder hinunter? Stagniert der Umsatz? Die Entwicklung der letzten Jahre und die Prognose über die zukünftigen Erlöse sind ein wesentlicher Bestandteil der Unternehmensbewertung.

Der Umsatz ist auch ein Indikator für die Phase, in der sich das Unternehmen befindet: Reifephase, Wachstumsphase, Stagnationsphase.

Der Umsatzbegriff ist im Rechnungswesen sehr klar definiert. Da kann man nicht dran manipulieren. In der Vergangenheit gab es ein paar Skandale, in der Folge hat man das bilanztechnisch korrigiert. Die Umsatzzahlen sprechen also eine klare und ehrliche Sprache.

Aufgrund der großen Bedeutung des Ertrags- oder Umsatzbegriffes im externen Rechnungswesen sind strenge Richtlinien zur Umsatzrealisierung erlassen worden. Hiermit soll sichergestellt werden, dass die ausgewiesenen Umsatzzahlen korrekt sind und keinem Restrisiko mehr unterliegen. Bilanzskandale und betrügerische Umsatzaufbauschungen, etwa durch Scheingeschäfte, sollen hierdurch vermieden werden.

GMEINER: Jeder scheint es zu wissen, aber weiß es wirklich jeder? Daher frage ich an dieser Stelle nach: Was ist der Umsatz?

RÖTZER: Der Umsatz ist das Ergebnis der verkauften Menge multipliziert mit dem Verkaufspreis. Der Gesamtumsatz des Unternehmens muss immer auch zur Entwicklung im vergleichbaren Gesamtmarkt und jener der wichtigsten Mitbewerber gesehen werden. Im Gesamtkontext gesehen gibt der Umsatz Aufschluss darüber, wie sich ein Unternehmen am Markt entwickelt.

Der Umsatz allein genommen ist noch kein endgültiger Wachstumsindikator, denn er zeigt nicht auf, wie sich auf der anderen Seite die Betriebsausgaben verändert haben. Wenn sich aber die Brutto-Gewinnspanne oder Marge ähnlich entwickelt und die Kosten nur unterproportional steigen, dann haben Sie eine unglaubliche Hebelwirkung und ein unschlagbares Verkaufsargument für einen höheren Preis Ihres Unternehmens.

---

[15] Der relative Marktanteil gibt an, welchen Anteil der eigene absolute Marktanteil am absoluten Marktanteil des größten Konkurrenten ausmacht.

GMEINER: Wie kann man den Umsatz steigern?

RÖTZER: Es gibt vier Möglichkeiten, um den Umsatz zu steigern.

Erstens kann ich an mehr Kunden verkaufen. Ich erhöhe also meinen Kunden-stamm. Zweitens kann ich öfter und drittens mehr an meine Kunden ver-kaufen. Viertens kann ich den Verkaufspreis erhöhen. Alle Möglichkeiten werden in der Praxis unzureichend und meist ohne System verfolgt.

Wie Sie Ihren Umsatz steigern – Möglichkeit 1:
Die Neukundengewinnung – Verkaufen Sie an MEHR Kunden

GMEINER: Wie kann ich mehr Neukunden gewinnen?

RÖTZER: Grundsätzlich ist Neukundengewinnung die offensichtlichste Art zu wachsen, aber auch die schwierigste und teuerste. Das Gewinnen von neuen Kunden ist zeitintensiv und mit höheren Kosten verbunden.

Mein Tipp dazu: Entwickeln Sie ein unwiderstehliches Angebot, das genau auf Ihren Ideal-Kunden passt und bieten Sie ihm eine umfassende Garantie dazu an. Also ein Angebot, zu dem er nicht nein sagen kann, weil es sein Problem löst und er durch das Garantieversprechen kein oder zumindest kein großes Risiko eingeht.

 *Entwickeln Sie ein unwiderstehliches Angebot, das genau auf Ihren Ideal-Kunden passt und bieten Sie ihm eine umfassende Garantie dazu an!*

NÖRÖ-TIPP

GMEINER: Sehr interessant! Haben Sie Beispiele dazu, wie solche Angebote aus-sehen können?

RÖTZER: „Wir garantieren Ihnen mindestens zehn Neukunden innerhalb von 3 Monaten oder wir arbeiten gratis, bis wir dieses Ziel erreicht haben."

„90 Tage unbeschränkt ausprobieren und erst dann entscheiden."

Ein Nachhilfeinstitut wirbt mit: „5 weg oder Geld zurück."

Ein Immobilienmakler verspricht seinen Kunden: „Wenn ich Ihr Haus nicht innerhalb der nächsten 4 Monate verkaufe, dann kaufe ich es selber."

GMEINER: Der Kunde will eine Lösung für sein Problem.

RÖTZER: Firmen sprechen zu viel über sich selbst, über ihr Angebot und über technische Details. Besser wäre es herauszuarbeiten, wie das Produkt den Kunden helfen und unterstützen kann.

Kunden interessieren sich – so wie die Menschheit insgesamt – mehr für die *eigenen* Interessen. Wertvolle Informationen werden gierig aufgesogen – vor allem, wenn sie spannend und mitreißend verpackt sind. Das kann man im Marketing und in der Kundengewinnung für sich nutzen.

Die Erfahrung zeigt, dass die *unmittelbare* Kaufbereitschaft für ein bestimmtes Produkt im Durchschnitt 3 % – über die gesamte Bevölkerung verteilt – beträgt. Fragen Sie also 100 Personen, ob sie gerade daran interessiert sind ein Möbelstück oder einen Computer zu kaufen, dann werden ca. 3 % diese Frage bejahen, weitere 6-7 % sind zumindest offen für den Gedanken, 30 % denken *nicht wirklich* daran, die nächsten 30 % sind *nicht* und die restlichen 30 % *überhaupt nicht* daran interessiert.

Das heißt, würden Sie in einem Saal stehen und das Publikum fragen: „Wer möchte jetzt sofort einen Fernseher kaufen?" Dann würden von 100 Leuten 3 die Hand heben und sagen: „Ja, ich würde einen Fernseher kaufen." Weitere 6 bis 7 Personen sagen: „Vielleicht, ich kann es mir vorstellen." Die anderen 90 Personen sind in diesem Augenblick nicht interessiert und Ihr Verkaufsgespräch mit diesen 90 verpufft.

GMEINER: Was kann man tun, damit Verkaufsgespräche mehr bringen?

RÖTZER: Legen Sie das Verkaufsgespräch nicht als *Verkaufs-* sondern als *Beratungs*gespräch an und vereinbaren Sie einen Termin – z.B. zum Thema: *„Wie Sie die Krankenstandstage in Ihrem Unternehmen um 4 % im nächsten Jahr reduzieren?"*

Sie schlagen also ein Thema auf einer Meta-Ebene vor. Da ist die Interessenslage schon größer, denn jeder Unternehmer ist daran interessiert, Kosten zu sparen, wenn es weniger Krankenstandstage gibt. Wenn jemand einen Vorschlag dazu hat, dann hört man sich den an.

Dieser Argumentation kann sich keine Geschäftsführung oder Betriebsrat entziehen. Sie machen dann kein Verkaufsgespräch, sondern ein Beratungsgespräch zum Thema Reduktion der Krankenstandstage. Sie geben praktische und hilfreiche Informationen, helfen dem Unternehmen Kosten zu sparen und machen die Mitarbeiter gesünder. Sie machen unter anderem darauf aufmerksam, dass schlechte Sitzhaltung zu Rückenbeschwerden und Krankenstand führen kann. Natürlich erwähnen Sie auch Ihre neu entwickelten Bürostühle als eine wirksame Lösung für besseres Sitzen und zur Vermeidung von Rückenschmerzen, aber eben eingebettet in einem lehrreichen Kontext. Vielleicht laden Sie auch einen Facharzt zum Termin ein und bieten eine kostenlose fachärztliche Erstberatung für die Mitarbeiter an (positiver Nebeneffekt: der Facharzt gewinnt ebenfalls Neukunden). Sie positionieren sich als *der Experte* in der Nische und können alle Fragen dazu beantworten.

Das nennt man Education-Based-Marketing. Man wählt einen Marketing-Ansatz, wo man dem Kunden Informationsmaterial zur Verfügung stellt – unentgeltlich, gratis. Man macht den Kunden auf bestimmte Situationen aufmerksam und stellt ihm Lösungsvorschläge zur Verfügung. Auf diese Weise gewinnt man das Vertrauen des Kunden.

GMEINER: Nach einem ähnlichen Prinzip funktioniert auch das Homeshopping im Fernsehen. Homeshopping ist ein Milliardenmarkt. Es wird über ein Thema gesprochen und ein Produkt wird als perfekte Lösung angepriesen.

Als Werbeexperte finde ich, dass man enorm viel darüber lernen kann, wie Werbung funktioniert, wenn man sich Teleshopping-Sendungen ansieht.

RÖTZER: Der Produktverkauf wird zunehmend abgelöst durch den Lösungs-verkauf.

Ein Beispiel: In einem üblichen Verkaufsgespräch rufe ich bei einer Firma an und frage: „Haben Sie Bedarf an Verpackungsmaterial?" Wenn ich aber sage: „Ich war gerade auf einer Messe in Asien und würde Ihnen gerne im Rahmen eines Vortrages die letzten Entwicklungen im Verpackungsbereich präsentie-ren, Sie werden erstaunt sein, was sich da alles tut", dann biete ich einen echten Mehrwert an und habe gute Chancen eingeladen zu werden.

Ich kann einen Interessenten ansprechen mit: „Wir haben Solaranlagen im Sonderangebot." Oder: „Wollen wir uns zusammensetzen zum Thema Energie sparen? Ich glaube, Sie könnten im kommenden Jahr soundso viel an Stromkosten sparen und vom Stromanbieter unabhängig werden. Ich würde Ihnen gerne einen Überblick geben, wie die Entwicklung aussieht."

Bieten Sie Ihren Kunden regelmäßig wertvolle Informationen an! Mit Education-Based-Marketing wird Ihr Verkaufsgespräch zum Beratungsgespräch – und Ihr Kunde wird Ihr Produkt als perfekte Lösungsmöglichkeit für sein Problem wahrnehmen.

GMEINER: Auf der Basis von Education-Based-Marketing verändern Sie also den Kontext, in dem angeboten wird?

RÖTZER: Education-Based-Marketing oder – aus Verkäufersicht – auch Value-Based-Selling genannt, ist ein wirksames Instrument, um sich vom Mitbe-werber abzuheben, Vertrauen bei potentiellen Kunden aufzubauen und aus Interessenten Kunden zu gewinnen.

Wenn Sie Ihr Wissen, Ihre Tipps und Tricks zu einem bestimmten Thema lehrreich aufbauen und spannend präsentieren, dann werden Ihnen die Kunden nachlaufen.

Finden Sie den „Kittelbrennfaktor" Ihrer Interessenten, also den Bereich, der ihnen schlaflose Nächte bereitet und helfen Sie ihnen diesen zu lösen.

GMEINER: Das hat natürlich Auswirkung auf die gesamte Kommunikationspolitik des Unternehmens.

RÖTZER: Absolut. Dazu müssen Sie Ihre Verkaufsunterlagen, Follow-up E-Mails, Gesprächsleitfaden für Außendienstmitarbeiter und alle sonstigen Kommunikationsunterlagen konzeptionell aufbereiten und differenzierter gestalten.

GMEINER: Was hat das mit dem Unternehmenswert und der Nachfolge zu tun?

RÖTZER: Marketing- und Vertriebsstrategie sind wichtige Faktoren in der Ermittlung des Unternehmenswertes und werden im Rahmen der Due-Diligence-Prüfung eingehend hinterfragt.

Beispiel: Zu jeder Vertriebsanalyse gehört auch ein Studium der Verkaufsunterlagen, der Verkaufsmappe oder der Gesprächsführung. Wie plausibel und überzeugend ist die Aufbereitung? Sind die Verkaufsgespräche standardisiert oder hat jeder Verkäufer seine eigene Methode?

Ein stimmiges Marketingkonzept und eine durchdachte Vertriebsstrategie (die im Idealfall skalierbar ist) wird mögliche Käufer überzeugen und erspart lange Diskussionsrunden über das Geschäftsmodell.

GMEINER: Wie kann man noch Neukunden gewinnen?

RÖTZER: Bisher habe ich darüber gesprochen, wie Sie Kunden gewinnen können. Eine große Basis an Stammkunden und die Gewinnung von neuen Kunden sind kritische Erfolgsfaktoren für den Geschäftserfolg und ein wichtiger Indikator für den Verkaufspreis Ihres Unternehmens.

Aber es gibt keine Regel ohne Ausnahme, daher möchte ich an dieser Stelle sagen: Kündigen Sie Ihren schlechten Kunden.

GMEINER: Was sind schlechte Kunden?

RÖTZER: Das sind jene Kunden, die Ihnen einen negativen Deckungsbeitrag liefern. Schlechte Kunden kosten Ihr Unternehmen nicht nur Geld, sie sind auch meist zeitintensive Kunden. Wenn es nicht gelingt, dass man sie drehen kann, dann muss man sich von ihnen trennen. Das gibt Kapazitäten und Ressourcen frei für andere Aufgaben.

Noch ein Tipp zum Thema Neukundengewinnung. Oft sieht man in der Umsatzplanung für die nächsten Jahre einen massiven Anstieg an Neukunden bei gleichbleibenden Personalkosten. Da kann irgendetwas nicht stimmen …

Ein Bereich, der sehr oft unterschätzt oder gar nicht beachtet (weil vergessen!) wird, sind die Ressourcen, um neue Kunden zu gewinnen.

Ein einfacher Plausibilitäts-Check kann die Qualität der Prognose hinterfragen. Ein Umsatzanstieg durch Neukunden muss sich auch in den Kosten und der Anzahl der Mitarbeiter widerspiegeln. Anders wird es nicht funktionieren. Wenn nicht genügend Ressourcen dafür eingeplant sind, dann steht der geplante Umsatz auf schwachen Beinen.

Ermitteln Sie den notwendigen Zeitbedarf, um neue Kunden zu gewinnen und berücksichtigen Sie dies in Ihrer Planung!

NÖRÖ-TIPP

Wie Sie Ihren Umsatz steigern – Möglichkeit 2: Verkaufen Sie ÖFTER an Ihre bestehenden Kunden

GMEINER: Wie schafft man es, häufiger an bestehende Kunden zu verkaufen?

RÖTZER: In vielen Fällen endet der Verkaufsprozess, sobald das Geschäft getätigt wurde. Leider. Nach dem Kauf muss ich sofort nachsetzen, um den Kunden weiterhin zu halten, um aus ihm einen Stammkunden zu machen. Stichwort: After-Sales-Service.

Unternehmer sitzen auf einer Goldmine, ohne davon zu wissen: ihre Kundendatenbank. Das schwerste ist, einen neuen Kunden zu gewinnen. Einen bestehenden Kunden dazu zu bewegen, regelmäßig zu kaufen, ist einfacher (sofern er mit Ihrer Leistung zufrieden war).

Ich traue mich zu behaupten, dass ich aus jeder Kundendatenbank, die schon längere Zeit nicht betreut wurde, sofort Zusatzumsatz erzielen kann.

GMEINER: Das beste Beispiel dafür, wie man die eigene Kundendatenbank hervorragend nutzt, ist Amazon. Von Anfang an gab es den Hinweis: „Kunden, welche diesen Artikel angesehen haben, kauften auch ...“ Nach dem Motto: Möchtest du das auch haben?

RÖTZER: Ein Beispiel aus meinem persönlichen Bereich. Vor einigen Jahren musste die Gastherme in meinem Haus erneuert werden. Der Installateur hat alles schnell und sauber erledigt und wir sind immer noch zufrieden. Aber trotzdem habe ich seither – und das ist jetzt schon fünf Jahre her – nichts mehr von ihm gehört. Wahrscheinlich geht es ihm so gut, dass er keine Folgeaufträge nötig hat.

Unternehmen, denen es gut geht, sehen nicht die Notwendigkeit den Kontakt zu bestehenden Kunden zu pflegen. Geht es ihnen aber schlechter, dann fehlt die Zeit, um den Kontakt wieder aufzubauen.

Ein automatisiertes Follow-up-System gehört heute zu einem erfolgreichen Verkaufssystem. Es war noch nie so einfach, mit potentiellen Kunden in Kontakt zu kommen oder mit Bestandskunden im Gespräch zu bleiben, egal, ob man das online oder offline macht.

Stichwort: E-Mail-Marketing. Ich würde die E-Mail von meinem Installateur öffnen, weil ich ihn ja kenne. Diese E-Mail würde nicht in meinem Spam-Ordner landen. Würde mich mein Installateur alle paar Monate anschreiben und über eine neue Entwicklung informieren, Tipps geben nach dem Motto: „So können Sie das machen" oder Ähnliches, dann bleibt man am Ball und er hätte immer wieder einen Fuß in der Tür.

Implementieren Sie ein automatisiertes Follow-up System und bleiben Sie mit Ihren Kunden in einem regelmäßigen Kontakt!

GMEINER: Warum ist das beim Thema Unternehmensnachfolge wichtig?

RÖTZER: Ein potentieller Käufer wird sich die Bestandskunden anschauen und überprüfen: Wann war der letzte Verkauf? Wie aktiv sind die Bestandskunden? Wann ist nach dem letzten Verkauf mit diesem Kunden wieder gesprochen worden und aus welchem Anlass?

Es geht so schnell, dass man Kunden verliert. Warum kauft Ihr Kunde nicht bei Ihnen? Die Antwort lautet: Nicht weil sie unzufrieden wären, sondern weil Sie sie einfach vergessen haben. Es liegt nicht in der Aufgabe Ihrer Kunden, sich an Sie zu erinnern. Das ist keine Bringschuld des Kunden, es ist Ihre Holschuld, sich bei Ihren Kunden in Erinnerung zu halten.

Es gibt so viele Kontaktpunkte mit Interessenten, an denen der Name, die Post-Adresse, die E-Mail-Adresse aufgenommen werden könnte, sei es an der Rezeption, im Büro, bei einem Anruf, bei einer Anfrage im Kundenservice oder bei einer Reklamation. Fragt man direkt aber höflich nach den Daten und verspricht, dass man sich mit einer kleinen Überraschung wieder meldet, dann erhält man in der Regel diese Informationen.

Halten Sie den Kontakt!

GMEINER: Was kann man dem Kunden noch anbieten?

RÖTZER: Ein fantastisches Modell dazu ist das sogenannte Abonnenten-Modell. Ursprünglich ist es bereits im 15. Jahrhundert entstanden, als Kartographen ihren Kunden regelmäßig aktualisierte Karten anboten. Die Landkarten haben sich zu dieser Zeit sehr oft verändert, da noch nicht alle Gebiete kartographiert waren und ständig neue hinzukamen. Daher wurde das Abonnenten-Modell entwickelt, damit der Kunde immer dann, wenn eine neu überarbeitete Landkarte auf den Markt kam, diese sofort zur Verfügung hatte.

Dieses Modell wurde im 17. Jahrhundert von Zeitschriften und Magazinen übernommen. Erst in dieser Zeit haben die Verlage begonnen, ihre Zeitungen und Zeitschriften im Abo zu verkaufen.

Dieses Geschäftsmodell kennen wir nach wie vor aus dem Verlagswesen. In den letzten Jahren hat dieses Abonnenten-Modell eine unglaubliche Renaissance erfahren und ist in zahlreiche andere Bereiche vorgedrungen.

GMEINER: Warum ist das Abonnenten-Modell so im Vormarsch?

RÖTZER: Das hat mehrere Gründe. Erstens wird die jüngere Generation nicht als Asset-Generation beschrieben, sondern als Access-Generation. Das heißt, die jüngere Generation ist nicht so sehr auf Besitz und Eigentum fixiert, sondern auf Nutzung. Sie wollen zugreifen können. Sie wollen auf das Mietauto zugreifen können, Stichwort car2go, sie wollen auf einen Film oder Musik zugreifen können und so weiter. Sie schätzen den Zugriff auf bestimmte Inhalte als wichtiger ein als den Besitz.

Dieses Access-Denken hat das Abonnenten-Modell unheimlich beflügelt und moderner gemacht. So sind Plattformen wie Spotify usw. entstanden und diese haben die neue „sharing economy" begründet und dem Modell Auftrieb gegeben.

Zweitens war früher der Produktionsweg vom Produzenten zum Großhändler, vom Großhändler zum Einzelhändler sehr lang. Es wurde überwiegend über ein stufenweises Distributionsmodell verkauft und am Ende der Kette stand der Konsument. Wollte der Produzent Informationen vom Konsumenten, war er auf die Informationen aus der Distributionskette angewiesen.

Heute verkauft der Produzent direkt an seine Kunden. Dadurch hat er sofort und ohne Umweg alle notwendigen Kundendaten selber in der Hand. Amazon beispielsweise weiß sofort und direkt über das Kaufverhalten seiner Kunden Bescheid.

GMEINER: Das ist auch aus meiner Sicht ein wichtiges Thema.

RÖTZER: Ja, denn jetzt wird es erst spannend …

Auch Amazon ist auf das Abo-Modell aufgesprungen und bietet Amazon Prime an. Warum? Nicht nur, weil sie an der jährlichen Abo-Gebühr verdienen, sondern sie wissen ganz genau, dass man als Abonnent mit hoher Wahrscheinlichkeit auch regelmäßig bei Amazon kauft. Dadurch erhöht sich die Wahrscheinlichkeit, nicht zu anderen Anbietern zu wechseln, dramatisch. Man kann auch konkrete Zahlen dazu nachlesen, Fakt ist, dass ein Amazon-Prime-Kunde um einige hundert Euro mehr Umsatz pro Jahr macht als ein Nicht-Amazon-Prime-Kunde.

Ein Abo-Modell ist ein „Trojanisches Pferd" in unseren Haushalten. Sie halten immer wieder die Kommunikation mit dem Konsumenten aufrecht. Sie haben immer einen Fuß in der Tür. Sie wissen, was beim Kunden los ist, denn mit einer vernünftigen Interpretation aller Daten gewinnt man viel Information über diesen Kunden. Man kann heute schon feststellen, wann ein Kunde vom Abo abspringen wird. Diesbezüglich gibt es viele Indikatoren, die man im Vorfeld berücksichtigen kann.

Auch die Software-Industrie hat bereits auf das Abo-Modell umgestellt. Viele Anbieter haben von der klassischen Verkaufsvariante umgerüstet und vermieten ihre Software. Als Beispiel sei Microsoft erwähnt, die nicht mehr wollen, dass man Office beim Einzelhändler auf DVD kauft, sondern direkt ein Office-Abo abschließt und jährlich verlängern muss.

GMEINER: Wie steht das in Zusammenhang mit der Steigerung von Unternehmenswerten?

RÖTZER: Ich erzähle das so ausführlich, weil heute Abo-Modelle von Investoren sehr hoch bewertet werden.

Käufer – vor allem Finanzinvestoren – haben ein erhebliches Interesse an stabilen, *wiederkehrenden* und planbaren Erlösen und bezahlen dafür *bedeutend* mehr als für Unternehmen, die „nur" einmalige Umsätze tätigen.

Kommen wir zu meinem Installateur zurück, der mir die Gastherme verkauft hat. Warum nicht auch ein Abo für die regelmäßige Wartung und Überprüfung? So hätte er in regelmäßigen Abständen Gelegenheit, mich über andere Angebote zu informieren und wüsste als erster Bescheid, wann meine Therme wieder auszuwechseln wäre.

Ein anderes Beispiel: Sie verkaufen Sicherheitsanlagen. Dann ist das Geschäft mit dem Verkauf des Gerätes und der Installation abgeschlossen. Sie müssen jeden Monat wieder bei null Umsatz beginnen und neue Kunden gewinnen. Verkaufen Sie zusätzlich aber noch ein jährliches Servicepaket oder ein Real-Time-Monitoring-System gegen eine monatliche Gebühr, dann wissen Sie, dass Sie jeden Monat automatisch wiederkehrende Umsätze haben. Dadurch haben Sie sichere Einnahmen und Sie halten Kontakt zu Ihren Kunden.

Berechnen Sie immer auch den Wert, den Ihnen ein Kunde im Laufe seines gesamten „Kundenlebens" bringt, den sogenannten „Customer-Lifetime-Value (CLV)" – Sie werden überrascht sein, wie sich kleine, aber regelmäßige Umsätze zu einem beträchtlichen Betrag summieren. Mit einem Abo-Modell können Sie diesen CLV sicherer abschöpfen.

Wenn Sie eine bestimmte Größe in Ihrem Abo-Modell erreicht haben, dann wissen Sie, wie viele Abo-Kunden abspringen und wie viele neue dazu kommen. Daraus können Sie einen Durchschnitt errechnen und den Umsatz für das Folgejahr planen – einfach aus den automatisierten Abo-Prozessen, ohne mit dem Verkaufen neu beginnen zu müssen.

GMEINER: Ist das Abo-Modell für jede Branche geeignet?

RÖTZER: Das Abo-Modell wurde mittlerweile in unzähligen Branchen umgesetzt.

Natürlich höre ich schon wieder die Einwände, die sagen: „Schön für die Sicherheitsfirma, aber in unserem Geschäft geht das nicht!"

Wirklich?

Sehen Sie sich doch mal folgende Beispiele an:

- Blumengroßhandel: www.hbloom.com
- Rasierklingen: www.dollarshaveclub.com – mittlerweile von Unilever gekauft
- Gestaltung von Lebensläufen: www.enhancv.com
- Autopflege: www.staycleancarwash.com/flatrate
- Herrensocken: www.blacksocks.com
- Waschmittel: www.miele.de/haushalt/abonnements-4410.htm
- Brot & Gebäck: www.hausbrot.at/Home/Hausbrot
- Käse: www.kaesehausshop.at
- Wein: www.weinco.at/verrueckt-nach-wein-abo
- Sachen für Katze und Hund: www.mauzundwauz.com

Nutzen Sie die magische Wirkung des Abonnenten-Geschäftsmodells! Sie sichern sich regelmäßige Einnahmen und bleiben mit Ihren Kunden im Gespräch.

RÖTZER: Sie sollen jetzt nicht Ihr bisheriges Geschäft aufgeben, sondern darüber nachdenken, wie Sie ein *zusätzliches* Geschäft in Form des Subskription-Modells ergänzend anbieten können.

Wie Sie Ihren Umsatz steigern – Möglichkeit 3:
Verkaufen Sie MEHR an Ihre Kunden

GMEINER: Wie schaffe ich es, meinen eigenen Kunden mehr zu verkaufen?

RÖTZER: Dem Kunden mehr zu verkaufen bedeutet, den Erlös pro Kunde zu steigern.

Dazu gibt es im Wesentlichen folgende Möglichkeiten:

Strategie 1: Super-Sizing

Strategie 2: Zusatz-Features

Strategie 3: Premiums

Strategie 4: Paket-Angebote

GMEINER: Was würden Sie jedem Unternehmer empfehlen?

RÖTZER: Meine grundsätzliche Empfehlung lautet, immer wieder unterschiedliche Produktpakete zu schnüren.

In der Regel sind Produktpakete billiger zu erstellen, als wenn ich Preisnachlässe gebe. Denn in der Regel gebe ich beim Paket nur meinen Materialwert dazu, ich erhöhe den Gesamtwert aber signifikant, reduziere den Preis jedoch nicht. Das heißt, für mich als Unternehmer ist es billiger, wenn ich 10 % mehr Limonade verkaufe als den Preis für das reguläre Produkt um 10 % zu reduzieren.

Stellen Sie attraktive Produktpakete in unterschiedlichen Preisklassen zusammen!

GMEINER: Gehören die Menüs von McDonalds zu dieser Strategie? Nimm das Menü, dann ist die größere Cola inklusive ...

RÖTZER: Genau. Angenommen ein Restaurant leidet darunter, dass es das Mittagsmenü um 9,90 Euro nicht verkaufen kann, dann würde ich im ersten Schritt nicht den Menüpreis senken, sondern ich würde ein Getränk, beispielsweise ein Glas Soda Minze, gratis dazu geben.

GMEINER: Dazu kann ich einen guten Tipp beisteuern. Bei der Eröffnung eines Taco-Shops habe ich erlebt, dass dieses Prinzip genial umgedreht wurde. Da hieß es: Zu jedem Getränk gibt es ein Essen gratis dazu! Dieser Slogan war unglaublich erfolgreich, die Leute haben den Laden wirklich gestürmt. Die Leute rechnen nach und sagen: Wow, für ein Getränk bekomme ich auch ein Essen!

RÖTZER: Mit der Erstellung von unterschiedlichen Angeboten und dem Schnüren von Paketen kann man schon einiges bewirken.

GMEINER: Wie sieht es mit den anderen Strategien aus?

RÖTZER: Ich empfehle immer wieder gerne, ein Premium-Angebot anzubieten. Ein wirklich teures Premium-Angebot – das habe ich vorher schon erwähnt – relativiert die anderen Preise und lässt diese günstiger erscheinen. Außerdem gibt es vielleicht doch den einen oder anderen Kunden, der sagt: „Ich zahle den VIP-Tag", oder: „Ich zahle das Luxus-Paket, ich will das haben und zahle dafür gerne mehr." Das ist dann Zusatzumsatz, der die Kasse klingeln lässt.

Natürlich kann man sich auch differenzieren, indem man Zusatz-Features anbietet.

Letztes Jahr habe ich einen Unternehmer beraten, der Nebelmaschinen produziert, die im Kultur- und Theaterbereich verwendet werden. Dieser Unternehmer hat ein einziges Produkt verkauft, das alles kann, die eierlegende Wollmilchsau, wie man so schön sagt. Meine Empfehlung war, das Produkt in drei bis vier Artikel aufzuteilen. Jeder Artikel wird etwas teurer und bietet andere Zusatz-Features. Das heißt, jeder Artikel hebt sich durch die Zusatz-Features vom anderen ab.

Gerade im technischen Bereich kann man gut mit Zusatz-Features arbeiten. Jeder Unternehmer könnte darüber nachdenken, ob das Vorteile für sein Angebot bringt. Die Autoindustrie versteht das Spiel mit den Zusatz-Features übrigens perfekt.

GMEINER: Wann soll ich dem Kunden ein Angebot machen?

RÖTZER: Der Moment des Kaufens ist der beste Zeitpunkt, um Ihren Kunden ein Zusatzangebot zu machen. Es gibt keine bessere Gelegenheit, wo die Kaufbereitschaft größer wäre. Nutzen Sie daher Up-Selling und Cross-Selling, um die Größe der Transaktion zu erhöhen.

„Eine Portion Pommes zum Burger?"

„Ein Double Burger geht in Ordnung?"

Wie Sie Ihren Umsatz steigern – Möglichkeit 4:
Erhöhen Sie Ihre Verkaufspreise

GMEINER: Wann sollte man die Verkaufspreise erhöhen, um den Umsatz zu steigern?

RÖTZER: Unternehmer sind meiner Erfahrung nach mit Preiserhöhungen sehr vorsichtig und haben Angst davor. Auch hier höre ich immer wieder die Begründung: „In unserer Branche geht das nicht …" Warum? Jeder Anbieter wartet gebannt darauf, was die anderen machen, und wenn keiner die Preise erhöht, dann bleibt alles beim Alten.

NÖRÖ-TIPP

Erhöhen Sie die Preise! JETZT, HIER, HEUTE – egal in welchem Geschäft Sie tätig sind!

RÖTZER: Nehmen wir folgendes – zur Illustration ein ganz einfach gehaltenes – Beispiel. Der Besitzer einer Imbissstube verkaufte bisher seinen Hot-Dog um 2 Euro. Aufgrund von höheren Einkaufspreisen sollte er seinen Preis mindestens auf Euro 2,50 erhöhen.

Ich mache folgenden Vorschlag:

Preiserhöhung auf Euro 2,90 und Umbenennung auf Basic-Hot-Dog, zusätzlich wird noch eine Medium-Variante um Euro 3,90, eine Premium-Variante um Euro 6,90 und eine Deluxe-Variante (z.B. mit einem Frankfurter Würstchen aus dem Hause Sacher) um 9,90 inkl. Getränk angeboten.

Die Erfahrung zeigt, dass dadurch die Preiserhöhung von Euro 2,00 auf Euro 2,90 relativiert wird und die Kunden überwiegend zur Medium-Variante greifen. Dies erhöht den durchschnittlichen Umsatz signifikant. Von den beiden hochpreisigen Varianten wird naturgemäß weniger verkauft, aber das ist reiner Zusatzumsatz.

Wenn Sie für ein Produkt oder eine Dienstleitung *mehrere* Varianten zu *verschiedenen* Preispunkten anbieten, dann erhöhen Sie den durchschnittlichen Umsatzerlös pro Kunde. Dies multipliziert mit der Anzahl Ihrer Kunden pro Tag oder pro Jahr und Sie erhöhen Ihren Gewinn ganz einfach, indem Sie das machen, was Sie schon bisher gemacht haben – nämlich Hot-Dogs zu verkaufen.

Bieten Sie für ein Produkt oder eine Dienstleistung mehrere (Ausstattungs-) Varianten zu verschiedenen Preispunkten an! Dadurch erhöhen Sie den durchschnittlichen Umsatzerlös pro Kunde!

NÖRÖ-TIPP

GMEINER: Sie sprechen immer wieder von Deluxe- oder Premium-Angeboten. Es ist ganz klar, dass ein Deluxe-Preis die anderen Preise niedriger erscheinen lässt. Aber werden Luxus-Angebote wirklich gekauft?

RÖTZER: Die Kaufkraft der Kunden in westlich geprägten Demokratien lässt sich anhand einer Geldpyramide gut darstellen. Demzufolge verfügt 1 % der Bevölkerung über außergewöhnlich viel Geld, 4 % sind vermögend, 15 % haben ein finanziell gutes Leben, 60 % haben immer wieder finanzielle Schwierigkeiten und 20 % sind arm oder armutsgefährdet. Laut „Global Wealth Report 2016" von Credit Suisse besitzt das oberste Zehntel 89 Prozent des Vermögens.

So ungerecht uns diese Verteilung nun auch erscheinen mag, was bedeutet das für Ihr Angebot und die Auswahl Ihrer Zielgruppe?

Wenn Sie nur an die kaufkraftschwächeren Gruppen anbieten, dann wird der Verkaufspreis immer von größerer Bedeutung sein. Wenn Sie aber zusätzlich eine Premium- oder VIP-Variante Ihres Produktes oder Ihrer Dienstleistung entwickeln und auf die kaufkraftstärkeren Interessenten abstimmen, dann können Sie nicht nur höhere Margen erzielen, es eröffnet sich auch eine vollkommen neue Geschäftswelt.

VIP ... Entwickeln Sie ein Exklusiv-Angebot für Ihre kaufkraftstärksten Kunden!

NÖRÖ-TIPP

Die Skalierbarkeit Ihres Geschäftsmodells

RÖTZER: Der Begriff Skalierbarkeit bezeichnet die Fähigkeit eines Systems zur Größenveränderung. In der Betriebswirtschaftslehre dient der Begriff ganz allgemein zur Bezeichnung der Expansionsfähigkeit eines Geschäftsmodells durch Kapazitätsausweitung zur Erreichung höherer Effizienz und Profitabilität. Interessant für Investoren ist insbesondere die Skalierbarkeit von Geschäftsmodellen ohne (hohe) zusätzliche Investitionen und Fixkosten.[16]

---

[16] Vgl. https://de.wikipedia.org/wiki/Skalierbarkeit

GMEINER: Was aber gerade in der heutigen Zeit des Internet wichtig ist: Du wirst dann erfolgreich sein, wenn Du Dein Produkt oder Deine Dienstleistung auch skalierbar machst. Das heißt, man muss ein Produkt oder eine Dienstleistung so automatisieren, dass man sie hundertfach anbieten und verkaufen kann. Worauf muss ein Unternehmer dabei achten?

RÖTZER: Die Skalierbarkeit eines Geschäftsmodells kann für Unternehmenskäufer einen wesentlichen Kaufgrund darstellen und erhöht den Wert Ihres Unternehmens erheblich.

Es geht dabei um die Frage, inwieweit man den Umsatz steigern kann, ohne kontinuierlich in Produktion und Infrastruktur zu investieren und Fixkosten erhöhen zu müssen.

	Bestehende Produkte	Neue Produkte
Bestehende Märkte	**Markt-Durchdringung** Marktanteil bestehender Produkte erhöhen	**Produktentwicklung** Produktinnovationen für neue Markt- und Kundenanforderungen
Neue Märkte	**Markt-Erschließung** Erschließung neuer Marktsegmente oder geographischer Regionen	**Diversifikation** Produktinnovation oder – variationen für neue Markt- und Zielgruppen

Quelle: Ansoff Matrix

RÖTZER: Geschäftsmodelle mit einer hohen Skalierbarkeit sind oft stark automatisiert. Prozesse werden optimiert und standardisiert, um so eine effiziente und schnelle Bearbeitung des jeweiligen Auftrags zu gewährleisten.

Skalierbare Geschäftsmodelle zeichnen sich durch eine vergleichsweise geringe Fixkostenbasis aus, die sich nicht allzu stark erhöht, wenn man die Produktion ausweitet, und haben dafür einen höheren Anteil an variablen Kosten.

Bei einer hohen Skalierbarkeit macht es Sinn, sich insbesondere auf Vertrieb und Marketing zu fokussieren. Da es keine Kapazitätsgrenzen gibt, sollte das Ziel sein, so viel und so schnell wie möglich von den angebotenen Gütern und Dienstleistungen absetzen zu können.

Wenn Ihr Geschäftsmodell skalierbar ist, dann konzentrieren Sie sich auf Marketing und Vertrieb!

NÖRÖ-TIPP

RÖTZER: Ein weiteres wichtiges Merkmal eines Geschäftsmodells mit einer hohen Skalierbarkeit ist die Expansionsfähigkeit. Ohne große Mühe kann ein skalierbares Geschäftsmodell, das sich beispielsweise in Deutschland etabliert hat, auch in Italien aufgebaut werden. In diesem Fall spricht man von einer *geografischen* Skalierbarkeit.

Sie können auch ein Produkt, das bisher eher für die jüngere Generation entwickelt wurde, seniorengerecht machen (wie z.b. Mobiltelefone für Senioren mit größeren Tasten, einfacherer Bedienung, usw.) und auf *demografische* Entwicklungen reagieren. Der Seniorenmarkt – Produkt- und Serviceangebote für Ältere – ist in den letzten fünf Jahren geradezu explodiert.

Auch Geschäftsmodelle, die auf *Franchising* basieren, sind leichter skalierbar, da die Investitionen für den Aufbau neuer Standorte und Kapazitäten von den Franchisenehmern übernommen werden. So ist es auch möglich, lokale Geschäftsmodelle zu skalieren, die ansonsten enge Kapazitätsgrenzen aufweisen.

GMEINER: Warum ist Skalierbarkeit für die Unternehmensnachfolge wichtig?

RÖTZER: Die Beurteilung der Skalierbarkeit eines Geschäftsmodells ist wichtig für professionelle Investoren, erhöht sie doch die Wahrscheinlichkeit einer hohen Verzinsung ihrer Investitionen und/oder einer schnellen Wertsteigerung des Unternehmens bei sinkender Notwendigkeit großer Kapitalnachschüsse. Das ist interessant für Venture-Capital-Geber, aber auch für Gründer, die die Verwässerung der eigenen Anteile vermeiden und Aussicht auf steigende Gewinnausschüttungen haben.

Während die Bedeutung des innovativen Charakters eines Geschäftsmodells oft überschätzt wird, wird die Skalierbarkeit von Unternehmern häufiger vernachlässigt.

Sie möchten mit mir gemeinsam erarbeiten, wie Ihr
Unternehmen wachsen und gedeihen kann?

Kontaktieren Sie mich – vertraulich und direkt!

michael.roetzer@dieerfolgswerkstatt.com.
www.dieerfolgswerkstatt.com

Gebot 8

Du sollst unverwechselbar sein

*"Why should I, your prospect, choose to do business with you
versus any and every other option?"*
(Dan Kennedy)

Ihr Alleinstellungsmerkmal

Beim ersten Kundengespräch frage ich immer: „Erklären Sie in wenigen Sätzen: Warum soll ich bei Ihnen kaufen und nicht beim Wettbewerb?" Nur selten gibt es eine prägnante und schlüssige Erklärung. Meist folgen Allgemeinplätze wie „Guter Service", „Beste Qualität", „Optimales Preis-Leistungsverhältnis". Auch wenn das alles stimmt, eine unverwechselbare Positionierung ist es nicht.

Aber wenn Sie als Unternehmer schon nicht spontan sagen können, wo der Unterschied zu Ihrem Wettbewerber ist, wie soll Ihr Kunde das dann erkennen? Bevor Sie also Geld in Werbung investieren, überlegen Sie, wo Ihr Alleinstellungsmerkmal liegt. Und wenn Sie das definiert haben, dann arbeiten Sie daran, es auch in wenigen Worten erklären zu können.

Wenn Sie die Frage als zu hart empfinden, bedenken Sie bitte: Der Markt und Ihre Kunden werden noch viel härter zu Ihnen sein. Auch äußerst erfolgreiche Unternehmer hatten nicht von vornherein eine Antwort auf alle Fragen, aber sie haben sich alle Fragen gestellt, auch und besonders die unangenehmen.

Das Letzte was Sie für sich und Ihr Unternehmen wollen, wäre ein MOTS-Angebot („more-of-the-same") und eine Kopie dessen, was die Mitbewerber anbieten. Sie müssen sich und Ihr Angebot von der Masse abheben.

Warum soll ich mit Ihnen überhaupt Geschäfte machen?
Warum soll ich Ihnen Geld für Ihre Leistung geben?
Was bekomme ich dafür?

Können Sie diese Fragen kurz und eindeutig beantworten? Falls ja, dann gratuliere ich Ihnen, wenn nicht, haben Sie ein Problem.

Der englische Ausdruck *unique selling proposition*, kurz *USP*, wurde 1940 von Rosser Reeves in die Marketingtheorie und -praxis als ein einzigartiges „Verkaufsversprechen" im Rahmen der Werbung für ein Produkt oder eine Dienstleistung eingeführt. Das Alleinstellungsmerkmal sollte verteidigungsfähig, zielgruppenorientiert und wirtschaftlich sein sowie in Preis, Zeit und Qualität erreicht werden.[17]

---

[17] Vgl Reeves, Rosser: Reality in Advertising. New York, 1961.

Unique Selling Proposition

Quelle: Michael Rötzer

 Das ist Ihr Sweet-Spot, Ihre Gewinnzone, in der sich Ihr Angebot mit den Kundenwünschen deckt. Versuchen Sie diesen Bereich zu vergrößern.

 Das ist eine riskante Zone, wo Sie direkt mit dem Wettbewerber um die Marktposition kämpfen müssen.

 Vermeiden Sie diese Zone, wo der Mitbewerber besser die Kundenwünsche erfüllen kann als Sie.

Unwichtig In diesem Bereich verschwenden Sie nur Zeit und Kosten, da der Kunde kein Interesse zeigt.

Was möchte der Kunde?

Wir Menschen sind von zwei Grundmotivationen getrieben: Zu jedem Zeitpunkt versuchen wir, Schmerzen zu vermeiden und Freude zu gewinnen – beides sind Überlebensstrategien. Schmerzen zu vermeiden führt uns dazu, gefährlichen Risiken aus dem Weg zu gehen. Unser Streben nach Freude führt uns zu all dem, was einem positiven Leben dient. Wobei die Vermeidung von Schmerzen eine emotional stärkere Wirkung über uns hat, als das Streben nach Lust.

Ich habe in den letzten Jahren sehr oft in Moskau gearbeitet und bin in der Stadt entweder mit der ausgezeichnet ausgebauten Metro unterwegs gewesen oder mit dem Taxi. Zuerst habe ich die lokalen Taxiunternehmen benutzt, dann bin ich auf UBER umgestiegen und habe schließlich Boris kennengelernt ...

Stellen Sie sich vor, Sie steigen ins Taxi. Der Beifahrersitz ist ganz nach vorne geschoben und Sie genießen die volle Beinfreiheit wie in der First-Class. Boris bietet Ihnen Mineralwasser an – „still or sparkling?", fragt welche Musik Sie hören und ob Sie Zeitungen lesen möchten. „Wir werden in ca. 20 Minuten am Ziel ankommen", informiert Sie Boris. Ab dann konzentriert er sich ganz auf den Verkehr. Eine entspannte Atmosphäre umgibt Sie.

Ich komme mit Boris ins Gespräch. „Meine Kunden sollen sich wohlfühlen. Viele meiner Gäste sind Geschäftsleute, die von einem Termin zum nächsten hetzen. Denen möchte ich hier eine Pause gönnen."

WOW, was für eine Aussage von einem Taxifahrer. Er überreicht mir stolz seine Visitenkarte und erzählt, dass er viele Stammkunden hat. „Das Ganze kostet mich kaum etwas, macht aber für meine Kunden einen Riesenunterschied." Würden Sie auch mit Boris fahren?

 *Entwickeln Sie ein WOW-Angebot und überraschen Sie Ihre Kunden!*

NÖRÖ-TIPP

GMEINER: Warum kann ich den Wert meines Unternehmens steigern, wenn ich meine Einmaligkeit herausstelle?

RÖTZER: Sie können einen höheren Preis verlangen. Ohne Alleinstellungs-merkmal hebt man sich nicht von der Konkurrenz ab und es bleibt nur der Preis als Unterscheidungsmerkmal. Mit der Zeit muss man immer billiger anbieten und ist austauschbar. Der Konsument denkt sich: „Wenn ich es um diesen Preis nicht bekomme, dann gehe ich eben woanders hin."

GMEINER: Das Alleinstellungsmerkmal eines Unternehmens schaut man sich also auch im Rahmen einer Due-Diligence-Prüfung an?

RÖTZER: Ja. Man schaut sich zum Beispiel an: Wie war die Preisentwicklung in den letzten Jahren? Wie haben sich die Preise für das gleiche Produkt entwickelt? Wenn da die Tendenz nach unten geht, ist das ein Zeichen dafür, dass das Unternehmen die Reifephase überschritten hat und in einer Stagnationsphase ist oder dass der Wettbewerb stärker geworden ist.

Das Produkt wird schließlich commoditized, dieser englische Begriff bedeutet, dass das Produkt zu einem Rohstoffprodukt wird, das keinen zusätzlichen Wert mehr hat. Das ist ein großes Problem und eine Falle, aus der man raus muss.

GMEINER: Wie schafft man das?

RÖTZER: Die Voest hat sich von einem beliebig austauschbaren Stahllieferanten zu einem hochspezialisierten Stahlanbieter entwickelt, Red Bull hat mit dem Energy-Drink gleich eine neue Nische in der Getränkekategorie geschaffen und Tesla die Kategorie der leistbaren Elektroautos.

Aber auch durch einfache, für den Kunden bedeutsame Dinge kann man einen USP schaffen – in jedem Geschäft, in jeder Branche. Ob Installateur, Rechtsanwalt oder Fensterproduzent.

Das Beispiel mit Boris, dem Taxifahrer, zeigt, wie leicht es ist, sich von den anderen abzuheben und einen USP zu schaffen.

Ein sehr bekanntes Beispiel für ein hervorragendes Alleinstellungsmerkmal war die Domino's Pizza „30 minutes or it's free"-Garantie. Der amerikanische Pizza-Dienst hat sich dadurch von den Mitbewerbern abgehoben, indem er versprach, die Pizza in weniger als 30 Minuten heiß und frisch zu liefern.

Einfach zu sagen: „Ich bin der Billigste und der Beste", ist zu allgemein. Man muss einen USP auf etwas Spezifisches und Relevantes abstellen, was den Kunden interessiert.

GMEINER: Wenn ich einen USP brauche, muss ich einfach darüber nachdenken und das war's?

RÖTZER: Nachdenken ja, wie schnell Sie einen guten USP entwickeln ist eine andere Sache. Da gehört eine umfassende Kenntnis der Kunden und der Kundenwünsche dazu. Man muss sehr genau wissen, was das eigene Unternehmen leisten kann, es braucht Zeit und viel Nachdenken von Seiten des Unternehmers und seinem Team. Das geht nicht von heute auf morgen.

Fakt ist, dass ein Unternehmen, das keinen USP hat, um einiges weniger wert ist als ein Unternehmen, das einen guten USP hat.

GMEINER: Ist ein USP etwas, das Sie mit Ihren Kunden erarbeiten?

RÖTZER: Ja, natürlich. Wenn kein oder nur ein diffuser USP vorhanden ist, dann ist der Blick eines Externen sehr hilfreich und notwendig.

Sie möchten mit mir gemeinsam erarbeiten, wie Sie Ihr Unternehmen unverwechselbar machen?

Kontaktieren Sie mich – vertraulich und direkt!

michael.roetzer@dieerfolgswerkstatt.com,
www.dieerfolgswerkstatt.com

Gebot 9

Du sollst den Erfolg vom Zufall befreien

*„Arbeitest Du für die eigene Firma,
oder die eigene Firma für Dich?"
(unbekannt)*

Schönwetter-Management

GMEINER: Was verstehen Sie unter einem systematisierten Geschäftsmodell?

RÖTZER: In seiner ausgeprägtesten Form finden wir es im Modell des Franchisings, also z.B. bei McDonalds, Starbucks oder RE/MAX. Die Abläufe und das gesamte System müssen so einfach und so gut beschrieben sein, dass ein durchschnittlich qualifizierter Franchisenehmer und seine Angestellten es leicht befolgen können.

GMEINER: Was sind die Vorteile der Systematisierung?

RÖTZER: Ein Bekannter von mir ist begeisterter Flieger, aber ohne Ausbildung im Instrumentenflug. Das heißt, er darf nur auf Sicht fliegen und kontrolliert die Lage seines Flugzeuges im Raum visuell. Er kann nur bei Schönwetter fliegen. In der Nacht, bei Schlechtwetter oder in größerer Höhe kann er nicht fliegen, da ihm die Systeme dazu fehlen.

Daraus ergeben sich zwei wesentliche Vorteile: Erstens, mit den entsprechenden Systemen können Sie auch bei schlechter Sicht und in der Nacht fliegen. Zweitens, das System ist auch auf andere Piloten übertragbar.

Auf den wirtschaftlichen Bereich übertragen bedeutet das, dass Sie mit klar definierten Abläufen und Prozessen das Unternehmen einfacher durch turbulente Zeiten steuern können.

In wirtschaftlich guten Zeiten wird oft nur auf Sicht geführt, viele Unternehmer und Geschäftsführer sind Schönwetter-Manager. Sie können die Firma nur dann erfolgreich führen, wenn die Umsätze steigen, wenn die Kunden zufrieden sind und wenn kein ernstzunehmender Mitbewerber da ist. Wenn der Umsatz ständig steigt und die Kosten einfach weiterverrechnet werden können, wird die Notwendigkeit zur Systematisierung nicht gesehen. Sobald jedoch die wirtschaftliche Schönwetterperiode vorbei ist, entstehen Turbulenzen und hektisches Treiben bricht aus. Ohne System sind Sie im Blindflug unterwegs. Ihr Erfolg ist vom Zufall abhängig.

Systematisierung, um gut durch Schlechtwetter-Perioden zu kommen

GMEINER: Damit ein Unternehmen nicht nur bei Schönwetter erfolgreich ist, sondern auch bei weniger guten Bedingungen erfolgreich bleibt, braucht es Systematisierung?

RÖTZER: Systematisierung hat gegenüber intuitiv geführten Unternehmen enorme Vorteile: Weniger Fehler, weniger Stress, bessere Qualität, zufriedene Mitarbeiter, messbare Ergebnisse.

Systematisierung entkoppelt das Unternehmen von Ihnen. Sie erhalten die Freiheit zu tun, was Sie wollen. Außerdem erzielen Sie messbare Ergebnisse, die Sie steuern können. Unternehmer sein heißt ein System zu besitzen.

Systeme überdauern und erhöhen den Unternehmenswert: Erfolg ohne System ist riskant, weil er nicht geplant wiederholbar ist. Systeme sind unabhängig von Personen und schützen dadurch das Unternehmen.

*Falls noch nicht geschehen, dann systematisieren Sie die wichtigsten Bereiche in Ihrem Unternehmen: Ihre internen Prozesse, Marketing- und Vertriebsaktivitäten, Logistik, Beschaffung, Produktion, usw. und dokumentieren Sie diese einfach, verständlich und nachvollzieh*bar.

Systematisieren heißt dokumentieren und standardisieren

RÖTZER: Beginnen Sie damit, Abläufe und Prozesse im Unternehmen zu dokumentieren. Die Dokumentation ist etwas einfacher als der nächste Schritt, nämlich die Standardisierung.

Durch dokumentierte und standardisierte Abläufe ist das Unternehmen nicht mehr abhängig von einem einzelnen Mitarbeiter. Fällt einer aus, ist die Einschulung eines neuen viel einfacher. Es brechen nicht drei Kunden weg, nur, weil ein Verkäufer das Unternehmen verlässt.

Gerade im Verkaufsbereich habe ich immer wieder gesehen, dass die größte Datenbank im Kopf des Außendienstmitarbeiters steckt. Wenn der das Unternehmen verlässt, gehen die gesamten Kundendaten mit und es ist nichts mehr da. Warum? Weil vorher nicht auf die unternehmensinterne Dokumentation geachtet wurde. Das Unternehmen beginnt wieder von Null. Der neue Verkäufer tut sich schwer, nicht nur weil er der „Neue" ist und sich das Vertrauen der Kunden erarbeiten muss, sondern auch deshalb, weil er wenig Historie vorfindet und nur auf das zurückgreifen kann, was in der Buchhaltung hinterlegt ist.

Auch das schaut man sich bei einer Unternehmensbewertung an. Was ist an Dokumentation vorhanden? Wie automatisiert laufen die Prozesse ab? Wie automatisiert ist der Bestellvorgang, der Liefervorgang, der Verkaufsprozess?

Wenn ein System da ist, dann kann sich der Übernehmer oder Investor sicher sein, dass dieses System wiederholbar ist und übertragbar gemacht werden kann.

GMEINER: Ich kann aus eigener Erfahrung sagen: Es funktioniert. Meine Mutter hatte früher ein kleines Restaurant. Die „große Coca Cola", wie ich sie genannt habe, hat einmal pro Woche bei meiner Mutter angerufen und gefragt, ob sie etwas braucht. Natürlich hat die Coca-Cola-Mitarbeiterin auch darüber informiert, was es gerade im Angebot gibt.

Das ist ein Beispiel für Systematisierung, wie Sie es gerade beschrieben haben. Das war ein eingeführtes und eingespieltes Verkaufssystem, wo ganz klar war, dass die Verkäuferin einmal pro Woche bei einem Kunden anrufen muss, um betreffend Bestellung nachzufragen. Einerseits weiß die Verkäuferin, was der Kunde üblicherweise bestellt, andererseits hat sie die Möglichkeit, auf Neuerungen und aktuelle Angebote hinzuweisen.

Das Faszinierende war, dass meine Mutter während des Telefonates in ihrem Bestand nachgesehen hat, was und wie viel sie braucht. Nach dem Motto: „Es sind noch drei Kisten da, schicken Sie mir bitte noch zwei." Das heißt, Coca Cola hat mit dieser systematisierten Kundenbetreuung wirklich Umsatz gemacht.

RÖTZER: Das zeigt, dass Systeme tatsächlich Umsatz bringen. Der große Vorteil von Systemen ist, dass sie unabhängig von Personen sind und dadurch das Unternehmen schützen. Eine neue Mitarbeiterin kann in der Dokumentation nachsehen und weiß sofort, was der Kunde bisher bestellt hat und was ihn interessiert. Durch die Standardisierung des Verkaufsprozesses weiß die neue Mitarbeiterin auch, wie oft sie sich bei einem Kunden melden muss.

Sie möchten meine Praxis-Tipps, wie Sie Ihr Geschäftsmodell und die Abläufe in Ihrem Unternehmen standardisieren?

Kontaktieren Sie mich – vertraulich und direkt!

michael.roetzer@dieerfolgswerkstatt.com,
www.dieerfolgswerkstatt.com

Gebot 10

Du sollst Deine Kunden hegen und pflegen

*„Wer die Bedürfnisse des Menschen erkennt und richtig handelt,
der wird bald ein reicher Mann sein."*
(Walter B. Walser)

Kundenzufriedenheit

GMEINER: Warum soll ich mich um einen Kunden bemühen, der bereits bei mir gekauft hat?

RÖTZER: Die Zufriedenheit ist ein positives Gefühl nach der Kaufentscheidung. Werden die Erwartungen des Kunden, die er vor dem Kauf hatte, erfüllt, ist er zufrieden. Das ist einer der wichtigsten Einflussfaktoren für das Wiederkaufsverhalten. Werden die Erwartungen hingegen nicht erfüllt, dann wird er unzufrieden und wandert (oft auch still) zum Mitbewerber ab oder teilt seine Unzufriedenheit anderen Personen mit.

GMEINER: Was kann man tun, um den Kontakt zum Kunden zu pflegen?

RÖTZER: Sie sollten immer im Gespräch mit Ihren Kunden bleiben und die Rückmeldungen als Frühwarnindikatoren sehen. Stellen Sie einfach die Frage: „Womit sind Sie zufrieden? Womit sind Sie nicht zufrieden? Welches Angebot würde Sie interessieren?"

Mit der zunehmenden Digitalisierung stehen auch Online-Lösungen dafür zur Verfügung, falls Sie das im größeren Rahmen machen wollen. Das ersetzt aber nicht das persönliche Gespräch mit Ihren wichtigsten Kunden.

Leider wird das in vielen Unternehmen runtergespielt. Häufig hört man Aussagen wie: „Der meckert immer", und hört gar nicht hin. Das ist aber falsch. Man muss zuhören und herausfinden, was der Durchschnitt der Kunden und die wichtigsten Kunden zu sagen haben.

Fragen Sie Ihre Kunden: „Womit sind Sie zufrieden? Womit sind Sie nicht zufrieden?" und implementieren Sie regelmäßige Kundenbefragungen zur Zufriedenheit!

RÖTZER: Wenn ich mir ein Unternehmen anschaue, dann lasse ich mir die Erlaubnis geben, mit zwei oder drei Kunden persönlich sprechen zu dürfen. Da erfährt man sehr viel, manchmal mehr als im Unternehmen selber. Denn die Kunden sagen sehr direkt, was aus ihrer Sicht im Unternehmen funktioniert und was nicht funktioniert. Sie sagen auch, was sie anders sehen als das Unternehmen selbst.

Es ist also wichtig, die Kundenzufriedenheit regelmäßig zu messen und einen Prozess dafür zu implementieren. Meiner Einschätzung nach wird das in Zukunft noch viel stärker zunehmen.

Viele Unternehmen setzen öffentliche Kundenbewertungen im Online-Bereich als Marketing-Instrument ein. Ziel ist, dass Produkte mehr gekauft werden, weil sie schon von soundso vielen Kunden gekauft wurden. Leider sehen wir mittlerweile, wie dieses Instrument der Kundenzufriedenheitsmessung auch missbraucht wird. Ein Beispiel dazu sind die Kundenbewertungen bei Amazon.

Ich empfehle, Kundenbewertungen unverfälscht im Unternehmen aufzunehmen, weil man aus diesen Daten Verbesserungen im Unternehmen entwickeln kann.

Man muss übrigens auch Reklamationsprozesse aufsetzen. Jeder in der Firma muss wissen, wie man mit einem Kunden, der reklamiert, umgeht. Da kann man nicht einfach sagen: „Es wird sich schon irgendjemand melden", sondern: „Ja, danke, das ist aufgenommen. Herr Soundso wird sich bei Ihnen in den nächsten 24 Stunden melden."

GMEINER: Man muss Kunden ernst nehmen.

RÖTZER: Genau. Man muss den Kunden ernst nehmen. Ein Kunde, der reklamiert und erlebt, dass seine Reklamation zufriedenstellend behandelt wurde, kommt wieder. Das schafft Kundenbindung. Auch wenn mal etwas schief geht, ist es kein Problem, vorausgesetzt, das Problem wird rasch und zufriedenstellend gelöst.

Ihre Kundendatei ist Ihre Schatzkiste

GMEINER: Die Erhebung der Kundenzufriedenheit ist eine Art, wie man den Kontakt zum Kunden pflegt. Welche Möglichkeiten gibt es noch?

RÖTZER: Jedes Unternehmen sollte die Kundendatenbank unbedingt aktuell halten und sie nutzen, um mit bestehenden Kunden in Kontakt zu treten.

GMEINER: Kundendaten, die lange nicht genutzt wurden, kann man reaktivieren, indem man Direct-Mailing mittels Briefwerbung oder Newsletter macht. Erstens kann man damit tote Adressen aussortieren, sprich Adressen, die nicht mehr stimmen. Zweitens kann man auf diese Weise versuchen, mit Bestandsdaten neue Umsätze zu generieren und sogenannte kalte Adressen wieder zu warmen Adressen zu verwandeln.

RÖTZER: Online-Unternehmen haben das schon erkannt und perfektionieren den Umgang mit ihren Daten. In Amerika kann man derzeit verstärkt beobachten, dass Direct-Mailing-Kampagnen wieder an die Postadresse zugestellt werden. Mit raffiniert gestalteten Kuverts, um die Öffnungsrate zu erhöhen.

GMEINER: Das Schlimmste, was ich je erlebt habe, war ein Mauertrockenleger. Über Werbung hat er sehr viele Anfragen bekommen, denn bei Mauertrockenlegung gibt es ein klares Problem und eine klare Problemlösung. Wenn jemand feuchte Mauern in seinem Haus hat, dann weiß er, dass er dagegen etwas machen muss. Daher haben viele Leute auf seine Werbung reagiert.

Der Mauertrockenleger hat brav auf jede Anfrage reagiert und Angebote gestellt. Nach etwa zwei Jahren habe ich vorgeschlagen, alle Interessenten anzuschreiben, denen ein Angebot geschickt wurde und die nicht gekauft hatten. Dabei stellte sich heraus, dass er alle Unterlagen über Angebote, aus denen kein Auftrag geworden ist, weggeworfen hat.

Da kann ich nur sagen: eine Katastrophe! Wertvolle Kundendaten wurden einfach weggeworfen, noch dazu bei einem Produkt, wo die Leute teilweise jahrelang überlegen, ob sie es kaufen. Denn das Problem von feuchten Mauern löst sich nicht einfach von selbst und es ist oft eine Frage der finanziellen Mittel, ob man sofort etwas tun kann oder nicht.

NÖRÖ-TIPP

Werfen Sie niemals Kundenadressen weg!

Pflegen Sie Ihre Kundendatei! Dokumentieren Sie, was bei jedem Kunden bisher gelaufen ist.

Kundenzufriedenheit als Grundlage für Empfehlungsmarketing

RÖTZER: Wenn der Kunde mit der erbrachten Leistung zufrieden ist, dann sollte man das unbedingt für die Gewinnung von Neukunden nutzen.

Leider wird das in unserem Kulturraum noch nicht oft und schon gar nicht systematisch angewendet. Im Zuge einer Hausrenovierung habe ich mit vielen Handwerkern zusammengearbeitet und keinen getroffen, der mich um eine Empfehlung gebeten hat. Große Firmen wie Dropbox sind dadurch groß geworden, dass sie auf Empfehlungsmarketing gesetzt haben.

NÖRÖ-TIPP

Führen Sie ein konsequentes Empfehlungsmarketing ein und lassen Sie andere für sich arbeiten!

GMEINER: Was verstehen Sie unter Empfehlungsmarketing?

RÖTZER: Empfehlungsmarketing ist eine der ältesten Akquirierungsmethoden seit dem Bestehen von Kaufleuten und Handwerkern. Zufriedene Kunden empfehlen die Leistung des Handwerkers, eine Dienstleistung oder ein Produkt an potentielle Kunden weiter. Dies können auch andere Marktteilnehmer sein, wie zufriedene Mitarbeiter, Lieferanten, Rechtsanwälte, Steuerberater, etc.

Im Online-Geschäft ist diese Art der Neukundengewinnung heute sehr verbreitet und gut ausgebaut. Im traditionellen Offline-Geschäft wird es eher selten und wenn, dann nicht systematisiert eingesetzt. Schade, wie die Berechnung des Viralen-Koeffizienten ergibt.

Die Formel lautet: K = Einladungen * Konversionsrate (Anzahl gewonnener Kunden/Anzahl an Einladungen)

Angenommen jeder bestehende Kunde empfiehlt das Unternehmen an drei potentielle Kunden weiter und einer davon wird zum kaufenden Kunden, dann ist der Virale-Koeffizient K = 3 * 1/3 = 1 – das heißt für dieses Beispiel, dass jeder Kunde einen zusätzlichen Kunden über Empfehlung generiert.

Wenn jeder Kunde mir einen Kunden empfiehlt, der dann tatsächlich bei mir kauft, dann habe ich bereits ein überproportionales Wachstum. Das heißt, wenn Sie 100 Kunden haben und jeder Kunde bringt Ihnen einen neuen Kunden, dann verdoppeln Sie Ihren Umsatz. Das wird in den seltensten Fällen funktionieren, aber wenn Ihnen Ihre 100 Kunden nur 30 neue Kunden bringen, dann ist das bereits ein beachtlicher Zuwachs.

Koeffizienten größer als 1 bedeuten *exponentielles* Wachstum und über 0,5 eine *solide* Wachstumsrate im Bereich Neukunden. Beschleunigt man den Empfehlungsprozess und verkürzt den Zeitraum, in dem diese Empfehlungen erfolgen, dann erhöht man nochmals die Wirkung.

(Re-)Aktivieren Sie Ihre Bestandskunden durch Aussendungen, Umfragen, Gewinnspiele, Glückwünsche aller Art oder durch attraktive Angebote!

NÖRÖ-TIPP

Sie möchten mehr erfahren, wie Sie Ihre Kunden hegen und pflegen können?

Kontaktieren Sie mich – vertraulich und direkt!

michael.roetzer@dieerfolgswerkstatt.com,

www.dieerfolgswerkstatt.com

Weitere Tipps und regelmäßige Updates zu diesem Buch erhalten Sie auf der Homepage unter
www.erfolgreiche-unternehmensnachfolge.com
Ihre Beratungs-Gutscheine im Wert von 2 x 500 Euro liegen bereit!

Schlusswort: Wie geht es weiter?

So profitieren Sie am meisten von den 10 Geboten zur erfolgreichen Unternehmensnachfolge

Wir haben Ihnen in Form von 10 Geboten praxiserprobte Richtlinien vorgestellt, ergänzt mit Tipps und Hinweisen, worauf Sie bei einer Betriebsübergabe oder bei einem Unternehmensverkauf besonders achten sollten. Bei Nichteinhaltung werden Sie zwar nicht in der Hölle schmoren, aber dafür mit finanziellen und sonstigen Nachteilen im diesseitigen Leben rechnen müssen.

Es ist wie mit anderen „wichtigen" Dingen im Leben, um die man sich nicht rechtzeitig kümmert ... wie mit der Gesundheitsvorsorge oder der Pflege von Beziehungen und Freundschaften ... wenn die Ampel auf rot schaltet und es „dringend" wird, weil sich beispielsweise der Ehepartner *überraschend* scheiden lässt oder man eine Krankheit nicht in einem *frühzeitigen Stadium* erkannt hat, ist es in vielen Fällen schon zu spät, um noch eine Korrektur einzuleiten bzw. das Schlimmste zu verhindern.

Ähnlich verhält es sich mit der Nachfolgeregelung für Ihr Unternehmen. Irgendwann kommt der Zeitpunkt, wo eine Entscheidung notwendigerweise getroffen werden muss – ob freiwillig oder gezwungenermaßen. Daher unsere wichtigsten zwei Empfehlungen: Kümmern Sie sich rechtzeitig darum (also schon einige Jahre vor einer geplanten Übergabe oder Verkaufes) und nutzen Sie das Knowhow eines erfahrenen Beraters.

Unsere 10 Gebote der erfolgreichen Unternehmensnachfolge in der Zusammenfassung:

Gebot 1.   Du sollst Dir bewusst werden, wo die Reise danach hingeht.
Mit dem Thema Nachfolge sollte parallel immer die Frage einhergehen: „Was mache ich nach der Übergabe meines Unternehmens mit dem Rest meines Lebens?" Zukunftsüberlegungen in diese Richtung werden teilweise unterschätzt oder verdrängt und lassen viele Übergeber, die sich damit nicht beschäftigen, danach in ein tiefes Loch fallen. Im ersten Gebot finden Sie viele praktische Anregungen der Autoren, damit Ihnen das nicht passiert!

Gebot 2.   Du sollst frühzeitig mit dem Übergabeprozess beginnen.
Einer der essentiellsten Punkte überhaupt ist die Frage nach der Zeitspanne, welche man für die Vorbereitung aber auch die Abwicklung des Übergabe- oder Verkaufsprozesses einkalkulieren soll. Entscheidet man sich für den Unter-

nehmensverkauf an einen externen Übernehmer, muss auch noch der RICHTIGE Zeitpunkt, zu dem das Unternehmen den größten Wert erzielen kann, gefunden werden.

Gebot 3.   Du sollst den Verkaufsprozess professionell verfolgen.
Um den Verkaufspreis maximieren und die Risiken (Haftungen!) minimieren zu können, ist es essentiell, die Verkaufsvorbereitungen aber auch den eigentlichen Ablauf professionell mit entsprechender Hilfe von erfahrenen Experten, mit geeignetem Netzwerk an Investoren, zu verfolgen. Ein guter Transaktionsberater erhöht den Verkaufserlös und rechnet sich damit von selbst!

Gebot 4.   Du sollst den Wert Deines Lebenswerkes einschätzen.
Sein Lebenswerk zu verkaufen ist ein emotional behaftetes Thema – man will als Gegenleistung auch einen entsprechend hohen Verkaufserlös erzielen. An diesem Punkt scheitern über 50 % der Erstgespräche mit möglichen Käufern. Erarbeiten Sie gemeinsam mit Ihrem erfahrenen Berater DEN Verkaufserlös, mit dem Sie Ihre Zukunft genießen können, der aber auch realistisch den „aktuellen" Gegenwert Ihres Unternehmens widerspiegelt, damit es zu keinem Frusterlebnis kommt!

Gebot 5.   Du sollst im Falle der Insolvenz schnell reagieren.
Hat man es in der Reifephase eines Unternehmens verabsäumt in Innovationen oder neue Geschäftsmodelle zu investieren, schlittert man schnell in die Schrumpfungsphase. Einnahmen und Ausgaben stehen irgendwann nicht mehr im richtigen Verhältnis zueinander und es besteht keine Möglichkeit mehr, über einen „normalen" Verkaufsprozess einen vernünftigen Erlös zu erzielen, sondern man kann nur noch über die Insolvenzanmeldung das Schlimmste verhindern.

Gebot 6.   Du sollst den Wert Deines Unternehmens steigern.
Der Unternehmenswert rückt immer dann in den Mittelpunkt der betriebswirt-schaftlichen Betrachtung, wenn der Eigentümer oder ein Aktionär verkaufen will oder muss. Kurzfristig lässt sich dieser Wert kaum beeinflussen, längerfristig und geplant gibt es viele wertsteigernde Maßnahmen, die den Verkaufspreis er-höhen.

Gebot 7.   Du sollst wachsen und gedeihen.
Die historische und zukünftige Umsatzentwicklung (und damit verbunden die Entwicklung von Bruttomarge, Kosten, Gewinn und Marktposition) ist ein wichtiger Indikator für die Markttauglichkeit des Geschäftsmodells und Basis der Unternehmensbewertung und Preisfindung.

Gebot 8.   Du sollst unverwechselbar sein.

Ein hohes Alleinstellungsmerkmal des Angebotes, das für einen gewissen Zeitraum aufrecht erhalten und bei Bedarf weiter ausgebaut werden kann, schützt vor ruinösen Preiskämpfen am Markt, verhindert die Kommodisierung und hält die Konkurrenz auf Abstand. Solche Geschäfte verkaufen sich leichter und zu einem höheren Preis.

Gebot 9.   Du sollst den Erfolg vom Zufall befreien.

Erfolgreiche Unternehmen arbeiten systematisch, Prozesse werden beschrieben und schriftlich dokumentiert. Erfolg ohne System ist riskant, weil er nicht geplant wiederholbar ist. Systeme sind unabhängiger von Personen und schützen dadurch das Unternehmen.

Gebot 10.   Du sollst Deine Kunden hegen und pflegen.

Die Entwicklung der Anzahl von Bestandskunden, die Rate der Neukunden und die Abwanderungsrate geben Auskunft über die Kundenzufriedenheit. Noch nie war der Kontakt zu potentiellen und zu bestehenden Kunden so wichtig und – durch digitale Technologien – so einfach herzustellen wie heute.

Weitere Informationen können Sie auch auf der Homepage zu diesem Buch herunterladen: www.erfolgreiche-unternehmensnachfolge.com. Am besten ein Lesezeichen zu dieser Seite setzen und öfters vorbeischauen. Wir planen regelmäßige Ergänzungen und beantworten auch gerne Ihre Fragen zu diesem Thema via E-Mail, Telefon oder im Zuge eines persönlichen Treffens.

Zur Erinnerung: Außerdem sind mit diesem Buch zwei Gutscheine im Wert von jeweils 500 Euro verbunden, die Sie ebenfalls auf der Homepage downloaden und für ein weiterführendes Beratungsgespräch direkt bei uns einlösen können.

Wir wünschen Ihnen von ganzem Herzen viel Erfolg bei der Umsetzung Ihres (Nachfolge)projekts.

Ihr(e)
Mag. Doris Nöhrer
Mag. Michael Rötzer

Über die Autoren

PANTHERA

Ihr Lebenswerk – Ihr Nachfolgeexperte … „mit mir an Ihrer Seite haben Sie den erfahrenen Partner für Ihre erfolgreiche Unternehmensnachfolge – ich maximiere Ihren Verkaufserlös und minimiere Ihre Risiken!"

Mag. Doris Nöhrer ist als **geschäftsführende Gesellschafterin bei Panthera GmbH**, einer exklusiven Corporate Finance Beratung für den deutschsprachigen Mittelstand tätig.

Nach ihrem Studium der Betriebswirtschaftslehre an der Wirtschaftsuniversität Wien (Spezialisierung auf Klein- und Mittelbetriebe, Corporate Finance) war Doris Nöhrer im Bereich Merger & Acquisition bei führenden Steuer- beratungs- und Wirtschaftstreuhandgesellschaften sowie einer Investmentbank in Wien und International tätig. Sie hat sowohl die **Aufbauarbeit** von Financial Advisory Services Abteilungen (Merger & Acquisition, Bewertung, Due Diligence) als auch die **Leitung** des Bereichs Merger & Acquisition verantwortet.

Universitätslektorin & sonstige Vortrags- und Seminartätigkeit zu den Themen „erfolgreiche Unternehmensnachfolge", „Innovationsdruck des Mittelstandes & Beteiligung an Start-Ups" und „M&A als Aufsichtsratstätigkeit".

Berufliche Schwerpunkte & Projekterfahrung

- Über 10 Jahre einschlägige Projekterfahrung bei diversen nationalen und internationalen **Unternehmenstransaktionen** (UnternehmensKauf, Unter- nehmensVerkauf, Organisationsentwicklung, Unternehmensbewertungen, Cross-Boarder Due Diligence Projekte) quer über viele Branchen und Größenordnungen – Mitarbeit an rund 100 Deals mit einem Volumen von über 800 Millionen Euro

- Fokussierung auf die **Verkaufsbegleitung** vom KMUs im Zuge von **Nachfolge-regelungen** sowie den klassischen Anteilsverkauf (z.B.: Abstoßung des nicht zum Kerngeschäft gehörenden Bereichs)

- Darüber hinaus Unterstützung von Masseverwaltern als M&A-Spezialistin bei den größten österreichischen Insolvenzen aus den letzten Jahren, wie beispielsweise A-TEC Industries oder Alpine Bau („**Distressed M&A**")

- **Fundraisingprojekte** bis in den dreistelligen Euro Millionen Bereich – Beteiligungsoptionen für vermögende Private sowie Mittelstandunternehmen an ausgewählten, nachhaltigen Start-Ups – „Innovationsfindung"

Über Panthera GmbH

Als eigentümergeführtes Unternehmen versteht sich die Panthera GmbH ganz besonders als **das Beratungshaus für den österreichischen Mittelstand** bei der Begleitung und Durchführung von Transaktionsprojekten quer über alle Branchen.

Panthera konzentriert sich ganz auf den jeweiligen Kunden, ist beim Zeitfaktor & Umfang der Leistung flexibel und kann eine an die Bedürfnisse des Kunden und seine Situation **maßgeschneiderte Betreuung** anbieten – ohne dass dieser dabei auf die Erfahrung von „großen" Beratungshäusern verzichten muss.

Gerade das ausgezeichnete persönliche **(inter)nationale Netzwerk** ermöglicht es Panthera rasch und vertraulich mögliches Interesse von potentiellen Käufern, im Zusammenhang mit der **externen Nachfolgersuche**, direkt abzuklären und dadurch die leider immer bis zu einem gewissen Grad bestehende Gefahr von Verkaufsgerüchten am Markt bzw. deren negativen Folgen so gut wie möglich zu vermeiden!

... weil Qualität niemals Zufall ist!

Kontakt

Mag. Doris Nöhrer
Geschäftsführerin Panthera GmbH
Mobil: +43 664 5795775
Mail: dn@panthera.co.at
Web: www.panthera.co.at

„No-Nonsense – Mentalität" … ich packe an, setze um und sorge für eine nachhaltige Struktur, damit das Geschäft erfolgreich weiterlaufen kann.

Michael Rötzer ist mit seiner Boutique-Beratungsfirma „Die Erfolgswerkstatt" als erfahrener Consultant und Interim Manager in der DACH- und CEE-Region und in Russland tätig.

Studium der Sozial- und Wirtschaftswissenschaften an der Wirtschaftsuniversität Wien. Schon während des Studiums als Außendienstmitarbeiter und nach dem Fall des Eisernen Vorhanges als einer der Pioniere in Zentral- und Osteuropa tätig.

Er hat viele Jahre als Geschäftsführer in internationalen Unternehmungen gearbeitet, Unternehmensstrukturen neu ausgerichtet, Marketing- und Vertriebsstrategien in vielen Branchen entwickelt und umgesetzt. Er berät und investiert in Start-Up-Unternehmen im e-Commerce und im Virtual Reality Bereich. Sein nächstes Buch erscheint im Frühjahr 2018 und behandelt die Digitalisierung im Marketing- und Vertriebsbereich.

Berufliche Schwerpunkte

- Entwicklung und Unterstützung in der Erarbeitung einer Unternehmensstrategie – damit Sie wissen, ob Sie die *richtigen* Dinge tun
- Erstellung einer cleveren und umsetzbaren Marketingstrategie – mit *WOW-Faktor* und *Alleinstellungsmerkmal*
- *Schneller* Auf- und Ausbau von *effektiven* Vertriebsstrukturen
- *Zusatzumsatz* durch Exporte und Internationalisierung
- *Digitalisierung* in Marketing und Vertrieb

„Durch meine nationalen und internationalen Tätigkeiten bin ich europaweit vernetzt. Ich kenne die Besonderheiten und Risiken vieler Branchen und Exportmärkte. So erreichen Sie schneller und sicherer Ihre Ziele."

Gearbeitet mit Unternehmen und Marken wie (Auszug)

Fissler, Yubau, Moby Dick, Stanford, Bahlsen, Vivatis, Kellys, Soletti, HL Display Sweden, Display-Group Russia, Lorenz Snackworld, Maresi, Knabbernossi, Nic Nacs, Microplan USA, Inzersdorfer, Pyrex USA, The Parallel – Virtual Reality, Crunchips, Jack Links Beef Jerky USA und viele weitere …

Was Kunden und Kollegen über Michael Rötzer sagen erfahren Sie hier
www.dieerfolgswerkstatt.com

Es wäre unseriös zu behaupten, dass jedem Ratsuchenden geholfen werden kann. Manche suchen das Beratungsgespräch zu spät, um noch korrigierend eingreifen zu können. Manche stellen zu geringe (zeitliche, finanzielle oder personalmäßige) Ressourcen zur Verfügung. Für andere bin ich einfach nicht der richtige Ansprechpartner und empfehle sie gerne an einen Kollegen mit mehr Erfahrung in Ihrem speziellen Anliegen weiter.

 Wenn wir aber zusammenarbeiten, dann sind Sie durch meine 100%-Zufriedenheits-Garantie abgesichert. Schon **VOR** dem Vertragsabschluss vereinbaren wir gemeinsam die zu erreichenden Ziele mit den Zwischenschritten, notwendigem Budget und dem Zeitrahmen, bis wann was erledigt sein muss.

Je nach Aufgabenstellung kann es sich dabei um quantitative oder qualitative Ziele handeln, inklusive aller notwendigen „Milestones" und Ressourcen auf dem Weg dorthin … wenn ich einen Auftrag annehme, können Sie also sicher sein, dass wir das gewünschte Ergebnis auch erreichen.

Kontakt

Mag. Michael Rötzer
Die Erfolgswerkstatt Unternehmensberatung
Mobil: +43 664 73529374
Mail: office@dieerfolgswerkstatt.com
Web: www.dieerfolgswerkstatt.com

Die Gastautoren

Dr. Josef FRITZ

Geschäftsführender Gesellschafter **BOARD SEARCH** GmbH, Wien, Fachautor und Vortragender. 20 Jahre im Top-Management in Konzernen und Familienunternehmen sowie 33 Jahre Aufsichtsratserfahrung national / international.

BOARD SEARCH versteht sich als Vorreiter in Österreich bei der Suche nach qualifizierten, unabhängigen und geeigneten Mitgliedern eines Aufsichtsrates im weitesten Sinn: Aufsichtsratsprofis für Wirtschaft, Kultur, Sport, Politik, Soziales, Non-Profit-Bereich.

Kontakt: www.boardsearch.at, j.fritz@boardsearch.at

Dr. Kasia Greco

Trainerin & Coach mit mehr als 20 Jahren Erfahrung. Managementerfahrung in internationalen Konzernen.

1. Obfrau Stellvertreterin der Wiener Gebietskrankenkasse, leitendes Vorstandsmitglied von Frau in der Wirtschaft sowie Funktionärin und Spartenobmann Stellvertreterin der Wirtschaftskammer Wien.

Sie hört auf Augenhöhe zu, motiviert, ermutigt und bewegt – auf Wunsch in sechs verschiedenen Sprachen! Sie nimmt Menschen an der Hand, um Punkt für Punkt und Schritt für Schritt wichtige Entscheidungen für berufliche und private Veränderungen zu treffen.

Kontakt: www.kasiagreco.com, office@kasiagreco.com

Michael Rötzer
Die Erfolgswerkstatt
Innovative Marktbearbeitung

Warum Klein- und Mittelbetriebe sich auf die veränderten Anforderungen ihrer Kunden einstellen müssen!

So verschenken Unternehmen Potential
Die Digitalisierung verändert das Geschäft rasant

„Die Vielfalt im Vertrieb wird größer. Ohne eine gute Online-Strategie haben wir keine Chance."
Zitat eines Herstellers von Fenstern

„Marketing und Vertrieb müssen neu gedacht werden, um nicht den Anschluss zu verlieren."
Zitat eines Fertigteilhausherstellers

„Digitalisierung ermöglicht einen direkten Weg zum Kunden ... viel direkter als das bei traditionellen Vertriebsstrukturen möglich ist."
Zitat eines Herstellers von optischen Gläsern

Ab Frühjahr 2018 im Buchhandel erhältlich.

Registrieren Sie sich und Sie werden sofort nach dem Erscheinen verständigt:
www.dieerfolgswerkstatt.com/erfolgreich-digital/

Milton Keynes UK
Ingram Content Group UK Ltd.
UKHW020646031023
429856UK00016B/703